그래제본소 펀딩 프로젝트에 함께해 주신 400 후원자분들께 진심으로 감사드립니다.

이번 프로젝트의 저자 인세 전액은 자립준비청년들의 새로운 시작을 돕기 위해 기부될

예정입니다. 여러분의 소중한 참여로 뜻깊은 나눔을 실천할 수 있게 되었습니다.

절약왕 정약용의 목돈심서

절약왕 정약용의 목돈심서

초판 1쇄 인쇄 2026년 2월 2일
초판 1쇄 발행 2026년 2월 12일

지은이 · 문준희(절약왕 정약용)
발행인 · 강혜진
발행처 · 진서원
등록 · 제 2020–000059호 2020년 3월 6일
주소 · (03938) 서울시 마포구 동교로 44–3 진서원빌딩 3층
대표전화 · (02) 3143–6353 | **팩스** · (02) 3143–6354
홈페이지 · www.jinswon.co.kr | **이메일** · service@jinswon.co.kr
편집진행 · 임지영 | **마케팅** · 강성우, 박준희 | **경영지원** · 지경진
표지 및 내지 디자인 · 디박스 | **인쇄** · 보광문화사

◆ 잘못된 책은 구입한 서점에서 바꿔 드립니다.

◆ 이 책에 실린 모든 내용, 디자인, 이미지, 편집 구성의 저작권은 진서원과 지은이에게 있습니다.
허락 없이 복제할 수 없습니다.

◆ 저작권자를 찾지 못한 내용과 사진은 저작권자가 확인되는 대로 저작권법에 해당하는 사항을
준수하고자 합니다. 양해를 구합니다.

ISBN 979–11–93732–31–1 13320
진서원 도서번호 26001
값 20,000원

절약왕 정약용의 목돈심서

문준희 지음

진원

아케치 경감의 세상에서,
김전일보다 못한 시골 촌놈의 생존기

나는 만화 《소년탐정 김전일》을 좋아한다. 주인공 김전일은 참 묘한 캐릭터다. 평소에는 덜렁거리고, 학교 성적은 바닥을 기고, 여자친구 미유키에게 구박받기 일쑤다. 하지만 사건이 터지면 눈빛이 변한다. "할아버지의 명예를 걸고!"를 외치며 누구보다 예리하게 사건의 본질을 꿰뚫는다.

반면 그의 라이벌인 아케치 경감은 어떤가. 도쿄대 법대를 수석 졸업하고, 영어와 펜싱 실력에 외모까지 완벽하다. 흔히 말하는 '엄친아'이자 엘리트의 표본이다.

나는 늘 생각했다. 대한민국 사회는 지독하게 '아케치 경감' 같은 인재만을 원한다고. 국영수사과 모든 과목에서 1등급을 받아야 하고, 좋은 대학을 나와야 하고, 흠잡을 데 없는 스펙을 갖춰야 기회를 준다. 전인 교육이라는 미명 아래, 모든 면에서 완벽한 육각형 인재가 되기를 강요한다.

비극적이게도 이 시스템은 내가 자라던 40년 전이나 지금이나 변한 게 없다. 아니 오히려 더 독해졌다. '4세 고시', '7세 고시'까지 생겼으니 말이다. 유명 영어 유치원 레벨 테스트를 위해 네 살배기가 학원을 다니고, 초등학교에 입학하기도 전부터 학원 의대반에 들어가기 위해 준비한다. 아이들이 걸음마를 떼기가 무섭게 경쟁의 링 위로 가혹하게 몰아넣고 있는 것이다.

사람들은 이 필터링에서 살아남기 위해 발버둥 친다. 명문대에 가고, 대기업에 입사해 치열한 경쟁을 뚫고 '부장'이라는 타이틀을 따낸다. 그들은 마침내 '아케치 경감'의 길을 걷는 듯 보인다. 하지만 그 끝은 과연 해피엔딩일까?

드라마 〈서울 자가에 대기업 다니는 김 부장 이야기〉에서 그 답을 엿볼 수 있다. 주인공 김낙수 부장은 평생을 회사에 충성하며 엘리트 코스를 밟아 왔다. 그러나 회사에서의 쓰임이 다하는 순간, 그는 매몰차게 퇴직을 강요당한다. 회사의 울타리 밖, 야생의 생존법을 전혀 터득하지 못한 그는 등 떠밀려 나온 세상에서 허둥지둥하다 상가 분양 사기까지 당하고 만다.

이것이 바로 대한민국이라는 거대한 '설국열차'의 현실이다. 모두들 1등 칸에 가면 천국이 있을 것이라 믿으며 치열하게 경쟁한다. 앞으로 가기 위해 친구를 밟고, 나를 갈아 넣는다. 하지만 막상 도착한 그곳에 영원한 낙원은 없다. 오히려 언제 꼬리 칸으로 밀려날지 모른다는 불안감만이 도사리고 있을 뿐이다.

더구나 세상은 변하고 있다. 바야흐로 AI 대전환의 시대다. 이제 매뉴얼이 있는 업무의 99%는 인공지능이 대체할 것이다. 정해진 레일 위를 달리는 열차 안의 규칙을 잘 따르는 모범생들은 오히려 설 자리를 잃게 될지도 모른다.

그렇다면 답은 무엇일까? 나는 감히 말할 수 있다. 열차 밖으로 눈을 돌려야 한다고 말이다.

사람들은 열차 밖이 얼어붙은 죽음의 땅이라며 두려워하지만,

그곳에도 살아갈 만한 세상은 분명 존재한다. 열차 안에서 남과 비교하며 전전긍긍하는 것보다, 내 안에 숨겨진 고유한 '달란트'를 발견하고 나만의 무기를 갈고닦아 야생에서 생존하는 것이 훨씬 더 가치 있고 행복한 삶일 수 있다.

그런 세상에서 나는 영락없는 '김전일'이었다. 아니, 김전일보다 한참 못한 촌놈이었다. 경북 칠곡군 왜관읍, 시골에서 자란 나는 돈도 백도 없었다. 학교 공부는 국어와 국사 빼고는 젬병이었다. '아케치'가 되기 위한 필터링 시스템에서 나는 진작에 걸러진 불량품이나 다름없었다. 집안 형편이 어려워 일반계 대신 구미전자공고를 갔고, 대학은 서울에 있는 일류대가 아닌 추계예술대학교 영상시나리오과에 진학했다. 누군가는 내 이력을 보며 "그게 무슨 성공 코스냐"라고 비웃을지도 모른다. 서울의 주류 사회에서 보기에 나는 여전히 변방의 이방인일지도 모른다.

하지만 나는 묻고 싶다. 아케치가 되지 못하면 실패한 인생인가? 김전일이 학교 공부를 못한다고 해서, 그의 추리 능력까지 무시당해야 할까?

나는 아케치가 되는 것을 포기했다. 대신 철저하게 김전일이 되기로 했다. 남들이 다 가는 탄탄대로(정석 코스)가 내 길이 아님을 인정하고, 과감히 설국열차에서 뛰어내려 내가 잘할 수 있는 샛길을 파고들었다. 납땜을 하던 손으로 시나리오를 썼고, 가스비 낼 돈을 아껴 단편 영화를 찍었다. 돈이 없으면 몸을 움직였고, 백이 없으면 실력을 갈고닦았다.

그렇게 치열하게 버티다 보니 어느새 40대가 되었다.

엘리트 코스를 밟지 않았지만, 서울에 내 집을 마련했고 사랑하는 가정을 꾸렸고 경제적 자유를 향해 나아가고 있다. 무엇보다 남과 비교하며 스스로를 갉아먹는 짓을 멈췄다.

내가 꿈꾸는 세상은 명확하다. 0.01%의 완벽한 아케치 경감들만 성공하고 박수받는 세상이 아니다. 나머지 99.99%의 사람들, 조금은 부족하고 때로는 넘어지는 우리들이 저마다의 고유한 달란트로 꽤 괜찮게 살아 내는 세상이다.

우리는 살아가면서 수없이 실패하고, 목표에 닿지 못해 상처받는다. 하지만 그건 낙오가 아니다. 잠시 샛길로 빠졌을 뿐이다. 우리 각자에게는 분명 남들과 다른 나만의 무기가 있다. 그것을 발견하고 극대화하면서, 남과 비교하지 않고 자존감 있게 버텨 낸다면 기회는 반드시 온다고 믿는다.

이 책은 한국 사회가 요구하는 정답지(아케치 경감)를 찢어 버리고, 자신만의 무기(김전일)를 들고 서울이라는 정글에서 살아남은 86년생 문준희의 생존 기록이다.

지금도 자신이 아케치가 아니라는 이유로, 명문대를 나오지 않았다는 이유로, 지방 출신이라는 이유로 기죽어 있는 당신에게 말해 주고 싶다.

모두가 아케치가 될 필요는 없다. 당신 안에 숨겨진 김전일을 깨우면 된다. 그것만으로도 우리는 충분히 잘 살 수 있다.

자신만의 인생을 해결해 나가는 세상 모든 김전일들에게

문준희 (절약왕 정약용) 드림

목
차

1부

스물여섯, 잔치는 끝났다!

돌아갈 옥탑방도 없이 통장 잔고 100만 원

26

5부

1억이라는 환상 대신 1,000만 원의 실체에 집중하라!

월 200만~300만 원 월급쟁이 자산 증식 매뉴얼

1,000만 원 더 빨리 모으는 K부업 3선

ft. 한국인이라는 이유만으로 돈을 버는 달러 파이프라인

Best10

1 퇴근 후 직장인 부업 BEST5

월급이 아닌 다른 것으로도 소득을 낼 수 있다는 것을 증명하며, 유튜브계에 '부업'이라는 낯선 장르로 센세이션을 일으킨 영상

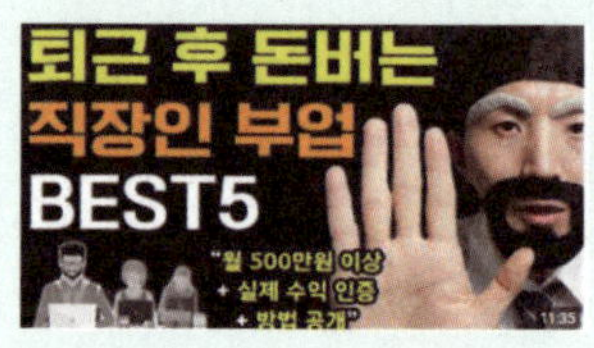

2 콘텐츠로 로열티 받는 부업 (ft. V컬러링)

일반인도 콘텐츠 로열티를 통해서, 매달 패시브 인컴(passive income) 형태로 수익을 낼 수 있다는 것을 증명하며 알려 준 영상

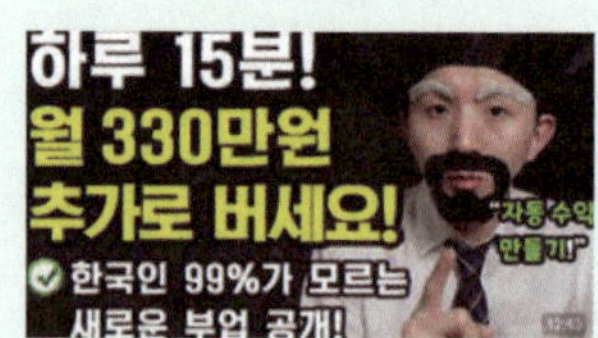

3 무인카페 장단점 검증왕 코너

'검증왕'이라는 코너 속 코너로 무인카페를 예능식으로 다룬 영상. 무인카페 하면 무조건 돈 번다는 게 아니라 실질적으로 버는 돈은 이 정도다, 이런 고생을 한다는 것을 허심탄회하게 알려 줌.

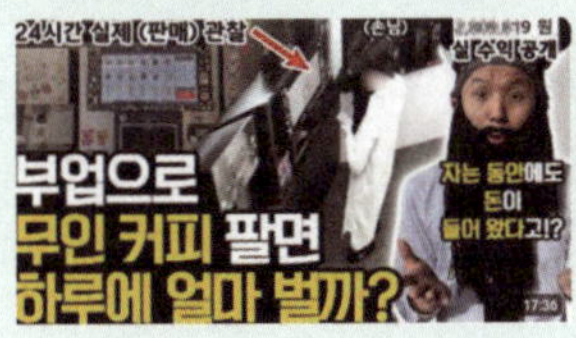

4 S&P500 ETF를 통한 스윙 투자

저자가 직접 실행해 본 방식을 통해 주식처럼 위험한 방식이 아니라 ETF로도 스윙이 가능하다는 것을 알려 준 영상

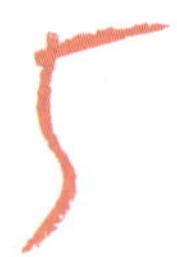

10년 동안 실행 후 깨달은 N잡과 재테크, 자산 증식 원리

부업으로 어떻게 소득과 자산을 늘리는지, 어떻게 해야 가난에서 탈출하고 경제적 자유를 누릴 수 있는지 저자의 수익 인증과 노하우를 18분으로 압축한 영상

하루 3분 투자! 다우지수 ETF '꾸자사모' 중요성

S&P500, 나스닥100에 비해 상대적으로 덜 주목받던 다우지수 ETF 투자를 하루 3분 정도만 활용해서 꾸준히 모아 나가는 것을 설명한 영상

앞으로 10년, 돈 버는 유망 직업 BEST 8

5년 전에 이미 AI 시대가 될 것을 감안하고 미래 유망 직업 8개를 소개한 영상. 그때는 설마 했던 것이 요즘 AI 대전환으로 인해 점점 현실이 되고 있다.

월 수익 + 자산 빠르게 늘리는 4가지 꿀팁

부업 + 재테크 10년간 하고 깨달은 4가지를 핵심만 뽑아 소개한 영상. 모르거나 안 하면 후회할 것 같은 것들.

세탁 배달 부업으로 월 600만 원 돈 벌기와 수익 검증

광고에서는 월 600만 원 번다고 했는데 진짜 그게 가능한지를 실제 세탁 배달 부업을 해 보면서 심층적으로 다룬 '검증왕' 콘텐츠

가난을 빠르게 벗어나는 3가지 방법

부업으로 부수입을 늘리더라도 재테크를 모르면 안 된다며, 재테크 초보자에게 가난을 빠르게 벗어나는 법을 알려 주어 호평받은 영상

절약왕
정약용의

목돈
심서

1부

스물여섯,
잔치는 끝났다!

돌아갈 옥탑방도 없이 통장 잔고 100만 원

김전일은
전인교육을 싫어해

나는 '국민학교'에 입학해서 '초등학교'를 졸업한 세대다. 1990년대, 일제의 잔재를 청산한다는 명목으로 학교의 명칭이 바뀌던 그 과도기에 나는 경북 칠곡군의 왜관국민학교, 아니 왜관초등학교를 다녔다.

그 시절 초등학교라는 곳은 어린 나에게 거대한 '충격' 그 자체였다. 유치원 때는 노란 버스가 집 앞까지 데리러 왔는데, 학교는 달랐다. 집에서 2km나 되는 먼 거리를 스스로 걸어가야 했다. 교실에 들어서니 더 가관이었다. 한글도 제대로 떼지 못했는데 받아쓰기 시험을 봐야 했고, 놀고 싶을 때 마음대로 노는 게 아니라 칠판에 적힌 빡빡한 시간표대로 움직여야 했다.

그 시절의 선생님들은 초등학생이라도 말을 안 들으면 체벌을 했다. 시험 성적이 안 좋아도 체벌을 가했다. 그때는 그게 당연한 건 줄 알았다.

'모순'이라거나 '전인 교육' 같은 어려운 말은 알지도 못했지만, 어린 마음에도 학교라는 곳은 너무나 적응하기 힘들고 당황스러운 공간이었다. 하지만 그 낯선 규칙들보다 나를 더 옭아맸던 건, 학교가 요구하는 보이지 않는 어떤 '완벽함'이었다.

선생님들은 입버릇처럼 말했다. "학생은 모름지기 국영수사과, 예체능까지 모든 과목을 골고루 잘해야 훌륭한 어른이 된다"라고. 바야흐로 '육각형 인재'를 강요하는 시대였다.

하지만 나는 태생적으로 그 틀에 맞지 않는 아이였다. 솔직히 고백하자면, 나는 지독한 '작심삼일'형 인간이었다. 무엇이든 금방 싫증을 냈고 진득하게 앉아 있는 걸 힘들어했다. 피아노 학원, 미술 학원, 수학 학원 등 어머니가 보내 준 학원들은 죄다 3개월을 채 넘기지 못하고 그만뒀다. 왜냐고? 재미가 없었으니까.

운동이라고 달랐을까. 나는 운동 신경이 둔할 뿐만 아니라 몸이 병약하여 걸어 다니는 종합병원 수준이었다. 환절기만 되면 감기를 달고 살았고, 고열에 시달리다 오바이트를 하는 날도 부지기수였다. 그런 내가 고등학교 때 유일하게 1년 넘게 꾸준히 다닌 학원이 있는데, 바로 '해동검도'다. 이유는 단순했다. 당시 인기 만화였던 《바람의 검심》 때문이었다. 주인공 켄신이 검을 휘두르는 모습이 너무 멋져서 무작정 동네 검도장에 찾아가 "진검은 언제 쓸 수 있나요?" 하고 물었다. 대한검도 도장에서는 4단은 되어야 한다며 고개를 저었다. 그런데 해동검도 관장님은 1단만 따면 대나무나 오이를 벨 수 있게 해 주겠다고 꼬드겼고, 그길로 도장에 등록을 했다.

도장 벽에는 '중단하는 자는 성공하지 못한다'라는 비장한 명패가 걸려 있었다. 누가 억지로 "건강을 위해 운동해라" 하며 시켰다면 3일도 못 가 도망쳤겠지만, 나는 《바람의 검심》 속 주인공이 되어 보겠다는 일념으로 1년을 버텼다. 결국 1단을 따 유단자가 되었고, 진검으로 오이를 베고는 그만두었다. 만화가 시키지도 않은 운동을 하게 만들고, 허약 체질인 나를 단련시킨 셈이다. 이때 나는 어렴풋이 깨달았다. '아, 나는 내가 꽂혀야만 움직이는 인간이구나.'

내가 유일하게 오래 다닌 학원은 컴퓨터 학원이다. 그 컴퓨터 학원은 PC방과 컴퓨터 수리점을 같이 했는데, 수업이 끝나면 한 시간씩 게임을 하게 해 줬기 때문이다. 거기에서 '리니지'라는 신

세계를 맛보고 말았다. 게임 잡지를 탐독하다 보니 자연스레 CPU, 램(RAM), 하드디스크 같은 컴퓨터 사양에 눈을 떴다.

재미있는 게임 CD와 디스켓을 많이 가진 친구들은 항상 반에서 인기가 좋았다. 나도 그 무리에 끼고 싶었다. 친구 집을 전전하며 게임을 하던 나는 결국 아버지를 조르기 시작했다. "아빠, 저도 컴퓨터 사 주세요!"

물론 처음엔 씨알도 안 먹혔다. "공부도 안 하는 놈이 무슨 컴퓨터냐"라며 혼만 났다. 하지만 나는 포기하지 않았다. 일생일대의 승부수를 띄웠다. 명절날, 큰집에 친척들이 다 모여 있는 그 타이밍을 노렸다. 어른들이 북적거리는 틈바구니에서 나는 바닥을 뒹굴며 울고불고 난리를 쳤다. 체면을 중시하는 아버지는 당황하셨고, 결국 내 고집에 두 손 두 발 다 드셨다. 그렇게 쟁취한 내 생애 첫 컴퓨터는 거금 60만 원을 주고 산 중고 486 컴퓨터였다. 최신 사양은 아니어서 꽤 버벅거렸지만, 그 느린 화면 앞에서 나는 세상을 다 가진 듯 행복했다.

만화책, 게임, 판타지 소설에서 세상을 배웠다

그 컴퓨터 덕분에 중학교 시절 나의 '부캐'는 화려했다. 학교생활은 지극히 평범했지만, 온라인 세상에서는 달랐다. '리니지'와

'바람의 나라'에서는 고렙 유저로 이름을 날렸다. PC방에 신작 게임이 깔리면 가장 먼저 게임 잡지를 독파하고 마스터해야 직성이 풀렸다.

물론 위기도 있었다. 성적표가 나오는 날이면 집안에 폭풍우가 몰아쳤다. 성적이 곤두박질치자, 화가 난 아버지는 컴퓨터가 있는 방을 아예 자물쇠로 잠가 버리셨다. 나의 유일한 해방구가 봉쇄된 것이다. 그쯤에서 좌절해야 맞겠지만, 나는 재빨리 다른 샛길을 찾았다. 컴퓨터를 못 하면 만화책 대여점으로 달려갔다. 거기에서 판타지 소설이나 무협지를 한 보따리 빌려 왔다. 아버지는 내가 컴퓨터 앞에 앉아 있는 건 못마땅해하셨지만, 책상에 앉아 책을 읽는 건 그게 무협지라도 별말씀 안 하셨다. 어쨌든 '활자'였으니까.

나는 이영도의 《드래곤 라자》, 전민희의 《세월의 돌》, 이우혁의 《퇴마록》을 밤새워 읽는 판타지 키즈였고, 김용, 고룡은 물론 운중행, 용대운 같은 작가들의 계보를 줄줄 꿰는 무협지 마니아였다. 사실 내가 이토록 가상의 세계에 깊이 빠져들었던 건 단순히 재미 때문만은 아니었다. 나는 또래보다 일찍 '죽음'이라는 단어를 마주했다. 초등학교 때, 방학이 끝나고 학교에 갔는데 옆자리에 앉던 친구가 보이지 않았다. 선생님은 그 친구가 낙동강에서 수영하다가 사고로 세상을 떠났다고 했다. 6살 때는 엄마 가게 건너편

전파사 아들이 내 단짝이었는데, 어느 날 교통사고로 죽었다는 소식을 들었다. 어제까지만 해도 나와 흙장난을 하던 아이가 오늘 세상에 없다는 사실, 그 허무함이 어린 나를 덮쳤다. 그때부터 나는 소위 말하는 '진지충'이 되었다. 삶과 죽음이 무엇인지 고민했고, 현실이 덧없게 느껴졌다. 9시 뉴스를 심각하게 보는 아버지를 보며 '현실은 저렇게 팍팍하고 슬픈데 왜 저걸 보실까'라고 생각했다. 그런 나에게 무협지와 판타지 소설은 완벽한 도피처이자 안식처였다. 그곳에서는 주인공이 죽음을 뛰어넘기도 하고, 비극적인 운명에 맞서 싸우기도 했으니까. 학교 밖 '괴짜'의 삶은 어쩌면 어릴 적 그 상실감에서부터 싹텄는지도 모른다.

그렇게 쌓은 내공은 헛되지 않았다. 만화책은 나에게 또 다른 교과서였다. 이원복 교수의 《먼나라 이웃나라》를 보며 세계 역사를 배웠고, 《고스트 바둑왕》을 보며 바둑은 어려우니 오목이라도 두자며 흥미를 키웠다. 야구, 권투, 골프, 테니스 룰을 모두 만화책으로 배웠다. 만화책을 넘기며 '한국뿐만 아니라 일본에도 만화가 있구나', '그림체가 이렇게 다양하구나'를 깨달으며 넓은 세상을 실감했다.

나는 공부는 썩 잘하지 못했지만, 승부에는 강했다. 당시는 바야흐로 블리자드의 전성시대, '스타크래프트'와 '디아블로'의 세상이었다. 초등학교 5학년 무렵 잠시 집안 형편이 좋아져 아파트에서 살았을 때, 나는 같은 아파트에 사는 친구와 2 대 2 팀플레이로 동네 PC방 대회를 휩쓸었다. 내 1 대 1 실력은 평범했지만, 전략은 확실했다. 우리 팀은 무조건 '2 저그'였다. 둘 다 미친 듯이 저글링을 뽑아 초반에 상대 한 명을 집중 공격해 'GG'를 받아 낸다. 아무리 고수라도 초반 2 대 1 싸움은 못 당해 낸다. 남은 한 명을 요리하는 건 식은 죽 먹기였다. 그 전략 하나로 우리는 동네 PC방 대회에서 3등을 거머쥐었다.

어머니에게 참 감사한 것은, 초중고 내내 단 한 번도 "공부해라"라는 잔소리를 하지 않으셨다는 점이다. 아버지는 성적이 떨어지면 매를 드셨지만, 어머니는 묵묵히 나를 믿어 주셨다. 덕분에 나는 학교라는 울타리 밖에서, 내가 무엇을 좋아하고 무엇에 가슴 뛰는지 탐구할 시간을 충분히 가질 수 있었다.

학교 성적표 속의 나는 지극히 평범하거나 어중간한 학생이었다. 하지만 방과 후의 나는 매일 새로운 모험을 떠나는 탐험가였다. 1분 1초가 아까웠다. 그때그때 가장 재미있는 것을 해야 직성이 풀렸다. 누가 시켜서 하는 게 아니라, 내가 좋아서 파고드는 '자발적인 삶' 그것이 나의 10대였다.

꿈을 키우는 건 어른이나 타인의 강요로 되는 게 아니다. 내가 좋아하는 것을 여러 방법으로 탐구하면서 나를 알아가는 시간이 절대적으로 필요하다. 만화책으로 세상을 배우고, 게임 공략

집을 분석하며 전략을 짜고, 판타지 소설 속에서 죽음과 삶을 고민했던 그 시간들. 어른들의 눈에는 '쓸데없는 짓거리'로 보였겠지만, 그것이야말로 지금의 나를 만든 가장 확실한 오리지널리티(originality)였다.

나는 아케치 경감처럼 교과서 위주로 공부하지 않았다. 김전일처럼 나만의 방식으로 사건(인생)을 해결하는 법을 학교 밖에서 치열하게 배우고 있었던 셈이다.

아버지의 보증, 전 재산이 마이너스 2,000만 원이 되었던 지난날

아파트에서 조립식 집으로

가난은 소나기처럼 예고 없이 들이닥치는 게 아니라, 늪과 같이 서서히 옥죄어 온다고들 한다. 하지만 우리 집의 몰락은 마치 벼락처럼 급작스럽게 찾아왔다.

우리 집은 초등학교 저학년 때까지만 해도 단칸방 신세였다. 하지만 어머니의 성실함은 그 단칸방을 기어코 아파트로 바꿔 놓았다. 어머니는 젊은 시절 서울에서 지내다 중매로 시골 남자였던 아버지에게 시집을 오셨다. 억척스럽게 장사를 시작한 어머니는

1년 내내 거의 쉬는 날 없이 일하셨다. 남편 기죽는 게 싫다며 당신이 번 돈으로 아버지에게 굵은 금목걸이와 시계를 채워 주셨고, 심지어 아파트를 살 때도 주저 없이 아버지 명의로 하셨다. 이모와 이모부는 뜯어말렸지만, 어머니는 그렇게 기를 세워 주면 아버지가 변할 줄 아셨다.

그런 사정을 알거나 말거나 친구들은 "단칸방에서 고생하더니 좋은 집으로 갔네"라며 축하해 주었고, 어린 나에게도 아파트 생활은 상당히 큰 변화였다. 하지만 그 행복은 신기루처럼 짧았다.

아버지는 전형적인 '경상도 남자'셨다. 호탕했고, 사람을 좋아했고, 무엇보다 '의리'에 죽고 사셨다. 친구들과 어울려 술잔을 기울이는 걸 좋아했고, 누군가 어렵다고 손을 벌리면 거절하는 법이 없으셨다. 문제는 아버지의 사업 수완이었다. 아버지는 손대는 사업마다 족족 망하기 일쑤였다. 그러면 어머니가 장사해서 번 돈으로 그 구멍을 메꾸었다. 우리 집 경제는 어머니라는 댐이 아버지라는 홍수를 가까스로 막아내는 형국이었다.

그러다가 결국 댐이 터졌다. 중학교 2학년 무렵, 안방 문틈으로 들려오던 날 선 목소리의 실체는 '보증'이었다. 나중에야 알게 된 사실이지만, 아버지는 친구 한 명에게 보증을 서 준 게 아니었다. 무려 다섯 명이었다. 문제는 다섯 명 모두 빚을 갚을 능력이 없었고, 연대 보증인이었던 아버지에게 화살이 날아왔다.

어머니가 평생을 바쳐 일군 아파트는 하루아침에 날아갔다. 은행의 빚 독촉 전화가 빗발치자 어머니는 결단을 내리셨다. 집을 팔아서 빚을 갚기로. 그렇게 빈털터리가 된 우리 가족에게 남은 건 아무것도 없었다. 엄밀히 말하면 우리 집의 자산은 '0원'이 아니었다. '마이너스 2,000만 원'이었다.

이삿짐 트럭에 짐을 싣고 도착한 곳은 묘한 분위기가 감도는 동네였다. 왜관에는 미군 부대가 있었는데, 우리 집은 그 미군 부대와 성 베네딕도 수도원 사이에 위치해 있었다. 한쪽엔 군사 시설이, 다른 한쪽엔 수도원이 있는 풍경. 마치 톨스토이의 소설 《전쟁과 평화》 사이에 끼인 듯한 기묘한 마을 같았다.

그곳에 샌드위치 패널로 대충 지어 올린 허름한 조립식 집이 우리 가족의 새 보금자리였다. 우리가 그곳에 몸을 뉘일 수 있었던 건, 어머니가 십수 년간 꼬박꼬박 부어 온 종신 보험을 담보로 받은 약관 대출 2,000만 원 덕분이었다. 그것이 그 집의 전세 보증금이 되었다. 즉, 우리 가족은 빚을 내어 겨우 비를 피할 지붕을 마련한 셈이었다.

얇은 벽 하나가 바깥세상과 우리 가족을 구분 짓는 유일한 경계였다. 여름엔 찜통, 겨울엔 냉골인 그 집에서 무엇보다 견디기 힘든 건 소리였다. 방음 따위는 사치였다. 옆방에서 부모님이 한숨 쉬는 소리, 뒤척이는 소리까지 적나라하게 들려왔다.

나는 친구들이 우리 집을 알게 될까 봐 전전긍긍했다. 아파트에 살 때는 당연했던 것들이 조립식 집에서는 엄청난 불편함으로 다가왔다. 따뜻한 물은 나왔다. 하지만 욕실이라 부르기도 민망한, 세탁기가 덩그러니 놓인 비좁은 화장실 하나가 전부였다. 샤워 부스는커녕 서서 씻기도 애매해 쪼그리고 앉아 물을 끼얹어야 했다. 아파트의 번듯하고 쾌적했던 욕실 두 개가 사무치게 그리웠다. 사춘기 소년에게 프라이버시가 사라진다는 건 발가벗겨진 채 거리에 서 있는 거나 마찬가지였다. 그나마 불행 중 다행이었던 건, 학교까지의 거리가 그리 멀지 않았다는 점이다. 미군 부대와 수도원 사이, 전쟁과 평화가 공존하는 그 낯선 조립식 집에서 나의 등굣길은 계속되었다.

어차피 망한 인생, 글이나 실컷 쓰자

그때 나는 뼈저리게 느꼈다. 경제 지식의 전무함과 한순간의 잘못된 선택이 삶을 얼마나 비극으로 몰고 가는지를. 어머니의 헌신도, 아버지의 호탕함도 '금융 문맹' 앞에서는 아무런 힘을 쓰지 못했다.

그 조립식 집의 차가운 바닥에서 나는 두 가지를 결심했다. 첫째, 죽어도 보증은 서지 않겠다. 그것은 나만 망하는 게 아니라 내

가족을 지옥으로 밀어 넣는 행위다. 1, 2금융권에서 안 빌려주는 돈은 내 돈이 아니다. 지인에게 돈을 빌리지도, 빌려주지도 않겠다. 훗날 결혼을 하여 딸을 낳고 가장이 된 지금도 나는 이 원칙을 고수한다. 내 집 마련을 위한 주택담보대출은 찬성하지만, 부부 공동 명의를 통해 한 사람의 실수로 가족 전체가 무너지는 일은 막아야 한다고 생각한다.

둘째, 이번 생에 부자가 되기는 글렀으니 내가 좋아하는 거나 하자. 집이 망하고 나니 어린 마음에 '이번 생은 망했다'는 생각이 들었다. 돈도 없고 백도 없는데 부자는 무슨. 그럼 뭐가 될까? 판타지 소설 작가나 무협지 작가는 어떨까 싶었다. 이야기를 만드는 건 좋아하는데, 영화나 게임을 만들려면 장비 값도 들고 공부도 오래 해야 한다. 우리 집 형편엔 어림도 없었다. 하지만 소설은 컴퓨터와 키보드만 있으면 되지 않는가.

그때부터 나는 나우누리 판타지 동호회와 하이텔 무림동을 기웃거렸다. '어차피 망한 인생, 글이나 실컷 쓰자.' 그것이 절망 속에 빠진 소년이 찾은 유일한 탈출구였다.

하지만 아이러니하게도 '이번 생은 글렀다'며 시작한 그 '글쓰기'와 '창작'에 대한 열망이, 그리고 빚으로 마련한 2,000만 원짜리 전세살이의 서러움이 훗날 나를 '절약왕 정약용'으로, 그리고 '문메달 AI부동산 현금흐름연구소'와 IP 레이블의 대표로 이끄는 가장 강력한 불씨가 되었다.

하지만 어쨌거나 당시의 이 시련은 우리 가족의 풍경을 바꿔 놓았다. 보증 사건 이후, 아버지의 삶은 180도 달라졌다. 더 이상 친구와의 의리를 외치며 밖으로 도는 호탕한 사업가는 없었다. 아버지는 당신의 사업을 접고, 묵묵히 어머니의 그림자가 되셨다. 어머니는 원래 일하던 곳마저 없어지자, 몇 달간 아르바이트를 전전하시더니 지인에게 포장마차를 인수하셨다. 그리고 1년 365일 중 정말 딱 하루를 빼고 매일 일터로 나가셨다. 문제는 저녁에 나가서 새벽에 들어오셨다는 거다. 가족을 지키기 위해, 자신의 모든 것을 쏟았다. 아버지는 그런 어머니를 도와 장을 보고, 과메기를 말리고, 포장마차의 궂은일을 도맡으셨다. 화려했던 금목걸이도 아파트도 사라졌지만, 두 분은 그 좁은 조립식 집에서 치열하게 '생존'을 위해 뭉치셨다.

나 또한 그 팍팍한 현실에 적응해 갔다. 부모님께 내색은 안 했지만, 어린 마음에도 '돈을 당장 벌지는 못해도, 최소한 부모님 등골은 빼먹지 말아야겠다'는 생각이 들었다. 철이 안 들려야 안 들 수 없는 환경이었다. 요즘 같으면 '이혼'이라는 선택지도 있겠지만, 어머니는 아들에게 피해를 주기 싫어서 자신을 기꺼이 희생하셨다. 그걸 지켜보며, 평생 절대 헛짓거리하지 말자고 다짐했다. 대단한 효도는 못하더라도, 이상한 길로 가는 짓은 안 하겠다고 말이다.

학비와 기숙사비가 무료였던 구미전자공고 진학

당시 내가 살던 왜관읍 옆에는 구미시가 있다. 그곳에 '국립 구미전자공고'가 있는데, 학비는 물론 기숙사비까지 100% 무료인 학교였다. 나는 중학교 3학년 때 선생님께 그곳에 지원하겠다고 말씀드렸고, 중간고사를 마치고 합격 통지서를 받았다. 엘리트들이 가는 일반계 고등학교는 아니었지만, 그것이 당시 우리 집 형편에서 내가 선택할 수 있는 최선이었다.

고등학교 진학이 확정되자, 나는 중학교의 마지막을 장식할 '소심한 반항'을 계획했다. 고등학교에 가면 기숙사 생활을 할 터였던 나는, 왜관을 떠나기 전 나를 옭아매던 '전인 교육' 시스템에 마지막으로 반항하고 싶었다.

3학년 기말고사 때였다. 나는 답안지에 일부러 틀린 답을 찍어 3일간 12과목 중 9과목을 내리 0점을 맞았다. 마구잡이로 한 번호만 찍어 기둥을 세운 것도 아니었다. 4번을 찍었는데 정답이 4번이면 점수를 받게 되니, 문제를 읽고 정답을 피해서 찍었다. 그야말로 '노력해서 만든 0점'이었다. 시험 마지막 날이 되기 전, 앞서 치른 과목을 채점한 선생님께 걸려서 남은 3과목은 정상적으로 시험을 봤다.

성적표를 본 선생님은 경악하셨다. "너 이렇게 생활기록부에

"

0점이 남으면 인생 망한다!"라며 길길이 날뛰셨다. 하지만 40대가 된 지금까지, 중학교 때 일부러 0점을 맞았다는 이유로 내 인생이 망했다고 손가락질하는 사람은 단 한 명도 없었다. 그리고 중학교 때 성적을 물어보는 사람도 없었다. 오히려 이 이야기를 들은 친구는 '미친놈'이라며 배를 잡고 웃었고, 나중에는 '전교 꼴찌에서 여기까지'라는 자서전을 쓰라고 부추기기도 했다.

물론, 일부러 0점을 맞은 게 자랑은 아니다. 하지만 그때의 나는 이미 고등학교 합격으로 진학이 결정된 상태였고, 대학에 가기보다는 기술을 배워 빨리 취업할 생각뿐이었다. 그 일탈은 '아케치'가 되기를 강요하는 세상에 던지는 '김전일' 식의 유쾌한 작별 인사였다.

공고생,
예술대학에 가다

학비를 위해 간 공고에서 영화라는 꿈을 줍다

나의 고등학교 진학 동기는 단순하고 명료했다. '생존'이었다. 일반계 고등학교에 가서 대학 입시를 준비할 여력 따위는 우리 집에 없었다. 당장 먹고사는 게 급한데 보충수업비니 야간자율학습비니 하는 돈을 달라고 부모님께 손을 벌릴 수 없었다. 그래서 선택한 곳이 국립 구미전자공고였다. 학비 면제, 기숙사비 무료, 식비 무료, 심지어 피복비(교복)까지 나라에서 지원해 주는 곳이었다. 2,000만 원짜리 조립식 전셋집에 사는 나에게 그곳은 그냥 학교가 아니라 '오히려 좋아'인 곳이었다.

　나는 학교에 있는 4개의 전공 중 '컴퓨터정보과'에 지원했고, 처음 들어간 기숙사에서 신세계를 맛보았다. 아침마다 운동장에 모여 점호를 하고 구보를 뛰는 군대식 생활이었지만, 적어도 그곳엔 '배고픔'과 '추위'가 없었다. 가끔 야식으로 나오는 달콤한 카스텔라 빵 하나에 행복해하며, 부모님께 손 벌리지 않고 먹고 자는 문제가 해결되었다는 사실에 안도했다.

　그런데 그런 안도를 느낀 것도 잠시, 진짜 문제가 있었으니 바로 '나의 적성'이었다. 좋은 친구들도 많았고, 학교생활 자체는 나쁘지 않았다. 자칭 일진이라 불리는 선배들이나 여러 사연을 가진 복학생 형들의 무용담도 '왜 저래?' 싶었을 뿐, 별별 사람들 다 있다 싶은 나름의 재미였다. 하지만 실습실에 앉아 납땜 인두를 잡고 회로도를 들여다볼 때마다 나는 시들해져 갔다. 친구들이 "이 회로 참 신기하지 않냐?"라며 눈을 빛낼 때, 나는 도대체 그게 어떻게 그렇게 되는 건지 이해할 수가 없었다. 그곳에도 그 분야에 적성이 잘 맞는 친구들은 있었던 것이다.

　그 막막한 기숙사 생활에서 나의 숨통을 터 준 건 친구 '지원'이었다. 성주에서 온 지원이도 나처럼 공고 생활이 몸에 맞지 않는 옷 같았던 모양이다. 컴퓨터정보과에 왔지만 미술을 하고 싶어 했던 지원이를 보며 생각했다. '공고에 왔다고 꼭 기술만 배워야 할까? 시간을 쪼개서 다른 걸 할 수 있지 않을까?'

생각의 전환이 일어난 그 무렵, 우연히 영화감독 류승완의 인터뷰를 보게 되었다. 고졸 출신에 나보다 더하면 더했지 덜하지 않은 어려운 환경을 뚫고 영화감독으로 성공한 그의 이야기는 내 가슴에 불을 질렀다. "아하, 영화를 해 볼까?" 때마침 대한민국은 박찬욱, 봉준호, 장준환, 김지운 같은 천재 감독들이 등장해 '뉴웨이브'를 이끌던 시기였고, 할리우드에서는 〈반지의 제왕〉, 〈매트릭스〉 같은 압도적인 영화들이 쏟아져 나오던 때였다.

한창 영화에 대해 알아보고 있을 때, 나에게 그 분야에 흥미를 더해 준 또 하나의 창구는 다음 카페 '하재봉의 영화사냥'이었다. 나는 특히 홍콩 영화에 빠져 있었는데, 이와이 슌지의 감성, 왕가위의 미장센만큼이나 오우삼 감독의 현대판 무협 액션은 나를 매료시켰다. 카페에서 활동하며 영화 지식을 쌓던 나는 어느 날 큰 용기를 냈다. '정모에 참여하자!' 고등학생이, 그것도 경북 구미에서 서울까지 정모를 간다는 건 엄청난 모험이었다. 다행히 부모님은 나를 믿고 허락해 주셨다. 중3 겨울방학 때 무협 작가 팬미팅으로 부천에 가 본 것 외엔 서울은 처음이었다. 그래도 부모님은 저번에 부천도 다녀왔는데 서울도 갈 수 있겠지 생각했다고 한다. 구미도 크다고 생각했던 촌놈에게 서울은 그야말로 신세계였다.

그곳에서 만난 다양한 연령대의 형, 누나들과 밤새 영화 이야기를 나누며 나는 우물 밖의 더 넓은 세상을 보았다.

꼭 단편영화를 만들어서 서울로 대학을 가야겠다!

고3이 되었을 때, 나의 무모함은 정점을 찍었다. 〈태극기 휘날리며〉로 전성기를 구가하던 '강제규필름'에서 영화 모니터 요원 1기를 모집한다는 공고를 보았다. 그런데 지원 자격이 '20세 이상'이었다. 대부분은 공고 조건만 보고 포기했을 텐데, 나는 그 당시 몹시 절박했다. 훗날 영화 일을 한다고 했을 때, 전혀 상관없는 분야인 공고를 나왔기에 저거라도 해야지 뭔가 연이 닿을 것 같았다. '그래. 이건 그들이 만든 룰일 뿐이다. 극장 관객 중에 10대가 얼마나 많은데?' 나는 지원서에서 그 점을 파고들었다. '20명 중 한 명쯤은 10대의 시선으로 영화를 볼 사람이 필요하지 않을까요?' 떨어질 줄 알았는데 덜컥 합격을 했다. 신기하게도 나와 똑같은 생각을 한 중학생 한 명과 함께 10대 대표로 뽑혔다. 그때 담당자가 정음 누나였는데, 누나는 그 당시에 지원서가 되게 인상적이었다고 했다. 훗날 누나는 대학생이 된 나에게 시나리오 모니터링 알바도 가끔 챙겨 주었다.

그때부터 나의 이중생활이 시작되었다. 평일에는 학교에서 수업을 듣고, 한 달에 한두 번 주말이면 책가방에 사복을 넣고 구미역으로 가서 옷을 갈아입고 기차를 타고 영등포역으로 올라가 강제규필름 사무실로 출근했다. 그곳에서 만난 형, 누나들과 영화를 보고 토론하는 그 시간은 그 어떤 수업보다 짜릿했다.

강제규필름 모니터 요원 시절에 만난 정말 소중한 인연이 있는데, 바로 정영기 형이다. 훗날 배우로 데뷔해 영화와 드라마에서 개성 있는 연기를 보여 준 형은, 당시 고등학생 막내였던 나를 살뜰히 챙겨 주었다. 그 인연은 대학까지 이어졌다. 내가 서울로 대학을 진학해 단편영화를 찍을 때, 형은 내가 만든 작품의 70% 이상에 출연해 줄 정도로 나의 가장 든든한 페르소나이자 지원군이 되어 주었다. 비록 지금은 각자 가정을 꾸리고 사느라 연락이 뜸해져 소원해졌지만, 형은 내 치열했던 10대와 20대의 꿈을 함께해 준, 가슴 한구석에 아름답게 남아 있는 '시절인연(時節因緣)'이다.

그 경험들은 나에게 확신을 주었다. '반드시 고등학교 졸업 전에 단편영화를 잘 만들어서, 서울로 대학을 가야겠다.'

어떻게 하면 영화를 잘 만들 수 있나요?

문제는 역시나 돈이었다. 영화는 돈이 많이 드는 예술이라는

데, 나에겐 그럴 돈이 없었다. 하지만 류승완 감독은 말했다. 단편영화부터 시작하면 된다고. 그것이 충무로로 가는 발판이 된다고. 나는 아르바이트를 하고 어머니에게 사정해서 고1 때 30만 원짜리 중고 8mm 캠코더를 샀다. 기숙사 친구들을 배우로 섭외해 첫 단편영화를 찍었다. 대구에서 열린 공모전에도 패기 있게 제출했다. 결과는? 광탈이었다. 친구의 형은 내 영화를 보더니 "이걸 영화라고 찍었냐"며 농담 반 진담 반으로 욕을 하며 꿀밤을 때리려 했다. 재능이 없나 싶어 의기소침했지만, 어설픈 연기를 하며 깔깔대던 친구들의 모습이 자꾸만 어른거렸다.

오기가 생겼다. 대구 공모전 측에 전화를 걸어 물었다. "어떻게 하면 영화를 잘 만듭니까?" 그때 전화를 받은 분이 김삼력 감독님이다. 훗날 독립영화 〈아스라이〉로 이름을 알린 분이다. 그분의 조언을 듣고 나는 본격적으로 파고들기 시작했다. 매주 《필름2.0》, 《씨네21》 같은 영화 잡지를 샀다. 주말 외출을 다녀오는 길에 잡지를 사서 기숙사 침대 밑에 숨겨 두고, 학교가 끝나면 닳도록 읽었다. 미장센이 뭔지, 몽타주가 뭔지, 영화 용어와 연출법을 글로 배웠다. 《필름2.0》에는 독자가 칼럼을 써서 보내면 실어 주는 코너가 있었는데, 고등학교 3년 내내 투고를 시도했고 결국 3편의 칼럼이 실리기도 했다. 처음에는 너무 허접한 글이었는데, 계속 내 글이 왜 안 실리는지 연구하고, 보고 또 보니 나중에는 오히려 내 칼럼이 실린 게 더 신기했다. 물론 그게 실린다고 잡지사에서 용돈을 주지는 않았지만, 자신감을 향상시키는 데는 도움이 되었다.

장비 다루는 법을 배우고 싶어 방송반에도 들어갔다. 그곳엔 공포의 대상인 고3 선배가 있었다. 성격이 괴팍하고 나르시시즘이 강했던 그 선배는 후배들이 마음에 안 들면 엎드려뻗쳐를 시키고 마이크 대로 엉덩이를 때리곤 했다. 지금 같으면 당장 신고할 일이지만, 그때는 맞으면서라도 방송 기술을 배울 수 있다는 것에 그저 참을 뿐이었다.

고1 여름방학에 나의 생각과 운명을 바꾸는 하나의 경험을 했는데, 바로 영화 잡지에서 '안산 청소년 영화캠프'의 참가자를 모집한다는 공고를 발견한 거였다. 이건 꼭 가야겠다 싶었다. 이미 8mm 아날로그 캠코더로 기숙사에서 단편영화를 만들었다가 실패한 내가 제대로 배우려면 저기에 가야 한다고 생각했다. 어머니를 설득해서 캠프에 참여했다. 우물 안 개구리였던 나는 큰 충격을 받았다. 내가 다니던 학교에서는 나 혼자만 영화 만들기를 좋아했는데, 거기에 가니 중학생들도 영화를 찍겠다고 눈을 반짝이고 있었다. 독학으로 끙끙대던 나와는 수준이 달랐다. 장비도 내 30만 원짜리 캠코더와는 레벨이 다른 300만 원 이상의 카메라만 있었다. 나는 그 캠프에서 〈작전 1호〉라는 단편영화의 주연 배우를 맡았다. '이렇게 찍어서 영화가 될까?' 싶었는데, 완성된 영화는 상을 받았다. 연출을 맡았던 누나는 일반계가 아닌 실업계 고등학교 출신이었는데, 그 영화로 동아방송예술대학에 합격했다고 했다. 그 순간 머릿속에 번개가 쳤다. '아, 공고생도 영화로 대학을 갈 수 있구나!'

새로운 사실을 알게 되고 목표가 생기자 나의 10대는 더 이상 지루하지 않았다. 다음 캠프 때까지 독학으로 영화 공부를 미친 듯이 했다. 학교 도서관에 있는 영화 관련 서적은 다 보고, 간접경험을 쌓으려고 에세이도 많이 읽었다. 고2 여름방학에 다시 찾은 캠프에서 나는 냄새의 다른 말인 〈내〉라는 제목의 단편영화를 직접 연출했고, 작은 공모전에서 상을 타며 '와, 나도 하려면 진짜 할 수 있구나!' 하는 가능성을 확인했다. 그 작은 성취감이 나를 계속 움직이게 했다. 마지막 기회는 고3 여름방학이었고, 나는 또 한 번 1년간 칼을 갈았다.

결국 고3 여름방학 때 연출한 〈날개에 때가 낀 듯, 쓰레기장〉이라는 단편영화로 경북 지역 상을 여러 개 탔고, 학교 조회 시간에 단상에 올라 교장 선생님께 상장을 받기도 했다. 공고에서는 이례적으로 영화 부문으로 말이다.

그때 그 단편영화를 좋게 본 영화캠프 측의 지원을 받아 안산에서 또래 친구들과 함께 〈컬러게임〉이라는 영화를 제작했는데,

그 영화로 전국 공모전 최우수상을 거머쥐었다. 드디어 예대에 갈수 있는 연출 포트폴리오가 완성된 것이다.

수상 취소? 세상에 맞서는 법을 배우다

하지만 세상은 마냥 호락호락하지 않았다. 경주의 한 공모전에서는 내가 연출한 단편영화 〈컬러게임〉이 상을 받기로 내정되어 있었는데, 시상식 1주일 전 갑자기 '상을 줄 수 없다'는 통보가날아왔다. 이유인즉슨, 내 영화가 이미 다른 곳에서 상을 탔다는것이었다. 어른들이 그렇다고 하면 "네" 하고 물러서는 게 원래의나였지만, 그 당시 나는 이미 '강제규필름'과 '하재봉의 영화사냥'동호회 활동으로 형, 누나 들에게 학교에서는 가르쳐 주지 않는 다양한 세상의 법칙을 배운 상태였다.

나는 즉시 공모전 모집 요강을 들이밀었다. "제가 지원할 당시에는 다른 상을 받기 전이었습니다. 그리고 모집 요강 어디에도 '타 공모전 수상 시 수상을 취소한다'는 조항이 없습니다. 규정에 없는 이유로 수상을 취소하는 건 인정할 수 없습니다." 내 당돌하면서도 논리적인 반박에 주최 측은 당황했고, 결국 인정하고 상을 주었다. 그때 나는 깨달았다. 권위 있는 누군가가 권위로 압박을 하더라도, 규정과 원칙에 어긋난다면 얼마든지 뒤집을 수 있다는 것을. 10대의 나는 그렇게 세상에 맞서는 법을 하나둘씩 배우고 있었다.

영상시나리오과를 선택한 이유

영화 잡지에서 읽은 감독들의 데뷔 스토리는 하나같이 험난했다. 조감독 생활을 오래 해도 결국 자신의 장편영화 시나리오가 없으면 데뷔하기 힘들다는 냉정한 현실을 알게 되었다. 무엇보다 버틸 수 있는 '돈'이 문제였다. 연출 전공으로 가면 단편영화 제작비를 본인 사비로 써야 한다는데, 나에겐 그럴 돈이 없었다. 하지만 시나리오는 달랐다. 시나리오를 쓰는 데는 돈이 들지 않았다. 컴퓨터와 키보드만 있으면 얼마든지 세상을 창조할 수 있었다. 그래서 나는 영화과가 아닌 '영상시나리오과'를 선택했다. 추계예술대학교, 솔직히 처음 들어보는 학교였다. 그런데 그곳엔 영화 〈실미도〉, 〈국화꽃 향기〉를 쓴 김희재 작가님이 교수로 계셨다. 이론가가 아닌 진짜 현역 실무자에게 배우고 싶었다.

대학에 가 보니 영화 〈거울 속으로〉의 김성호 감독님, 〈음란서생〉, 〈방자전〉의 김대우 감독님 같은 쟁쟁한 분들이 스승으로 계셨다. 고등학교 때는 납땜하랴 점호 받으랴 시간 쪼개서 몰래 했던 영화 공부가, 대학에서는 '대놓고 하는 공부'가 되었다. 세상에 이보다 신나고 재미있는 곳이 또 있을까.

종합대학에 간 친구들은 "추계예대? 듣도 보도 못했다"며 놀렸지만, 나에게 그곳은 하버드보다 빛나는 상아탑이었다. 치열하게 기술을 연마하던 공고 실습실에서 출발해, 30만 원짜리 캠코더 하나 들고 여기까지 온 나 자신이 자랑스러웠다. 그렇게 나는 '김전일'식 생존법으로 구미전자공고 시절이라는 내 인생의 한 사건을 해결하고, 서울이라는 새로운 사건 현장으로 발을 내디뎠다.

지갑은 가벼워도
꿈은 배불렀던 시절

북아현동 옥탑방에서 받은 20대의 '생존 수업'

서울 서대문구 북아현동의 가파른 언덕길을 오르면 닿는 허름한 옥탑방. 그곳이 내 서울 생활의 베이스캠프였다. 부모님이 군대 갈 때 보증금 다시 가져갈 거라며 마련해 주신 전세 보증금 1,000만 원으로 구한 자취방은 침대 하나, 책상 하나 놓으면 꽉 차는 공간이었다. 화장실은 밖에 있었고, 겨울이면 수도관이 동파될까 전전긍긍해야 했다. 부모님은 "군대 다녀와서 다시 방 구하려면 힘드니까, 아예 졸업하고 군대 가라"며 넌지시 말씀하셨다. 그만큼 귀하고 아슬아슬한 보금자리였다. 하지만 학교가 코앞이던 내 자취방은 늘 '만남의 광장'이었다. 술 먹고 인사불성이 된 선후 배들이 찾아와 좁은 바닥에 구겨져 잠들곤 했다. 불편하고 추웠지 만, 지금도 가끔 꿈에 나올 만큼 그 시절 그 공간은 내 청춘의 가장 뜨거운 온도로 기억된다.

눈치 보며 했던 영화 공부를 마음껏 하다니……

추계예술대학교 영상시나리오과에 입학한 후 처음 맛본 대학 생활은 그야말로 '파라다이스'였다. 아니 세상에나! 영화를 보고, 책을 읽고, 글을 쓰는 게 '공부'인 학교라니. 돈 없는 날에는 도서관 에 틀어박혀 책을 읽거나 영상 자료실에서 DVD를 보면 그만이었 다. 시나리오 작법부터 고전, 인문학, 콘텐츠 수업까지…… 강의 하나하나가 너무 재미있어서 시간 가는 게 아까울 지경이었다.

하지만 역설적이게도, 학교가 너무 좋아서 나는 '휴학'을 결심 했다. 1학기를 다녀 보니 학교에서는 시나리오를 '어떻게(How)' 쓰 는지는 가르쳐 주어도, 그 안에 '무엇(What)'을 담아야 하는지는 가 르쳐 주지 않는다는 것을 깨달았기 때문이다. '무엇'은 강의실이 아니라 삶 속에서, 거리 위에서, 사람들 속에서 배워야 했다.

서울은 그야말로 별천지였다. 홍대, 대학로, 인사동…… 영화뿐 아니라 공연, 전시, 록 페스티벌 등 경험해야 할 문화가 넘쳐났다. 나는 부모님께 상의도 없이 덜컥 휴학계를 냈다. 스무 살의 근거 하나 없는 패기였다.

휴학 후 신촌 거리를 걷다가 우연히 '윤태호 만화가 무료 특강' 포스터를 봤다. 지금은 〈미생〉, 〈이끼〉로 모르는 사람이 없을 정도인데, 당시에도 이미 만화계에서는 유명했다. 그의 작품을 본 적이 있는 나에게 그는 창작 분야의 존경의 대상이었다. 강의실에서 들은 그분의 이야기는 충격이었다. 나보다 더 어려운 환경에서 자수성가해 허영만 화백의 문하생을 거쳐 만화가가 된 그의 삶은, 나에게 "절대 환경을 탓하지 마라"라며 내지르는 무언의 호통과 같았다.

그길로 나는 한겨레문화센터에서 운영하는 '한겨레 영화연출학교' 9기에 등록했다. 영화 〈질투는 나의 힘〉을 만든 박찬옥 감독님이 담임이었다. 6개월의 휴학 기간 동안 나는 그곳에서 영화 만들기를 배우고, 실제로 포트폴리오도 찍었다. 파나소닉 디지털카메라로 만든 20대의 첫 연출작 〈재래식〉은 케이블 방송에 방영권이 팔렸고, 16mm 필름으로 찍은 〈연애상담〉은 작은 공모전에서 상을 받아 제작비를 회수했다. 이때 내 영화의 주연은 강제규필름 모니터 요원 시절 인연을 맺은 정영기 형이 맡아 주었다. 여주인공은 당시 윤종빈 감독의 데뷔작 〈용서받지 못한 자〉에 나왔던 김성미 배우를 필름메이커스라는 사이트를 통해서 섭외했다. 스태

프는 한겨레 영화연출학교 동기들이 품앗이로 해 줬다. 찢어지게 가난한 시절이었지만, 서로 돕는 사람들이 있었다.

나의 문화생활은 '짠내'의 연속이었는데, 한 달에 몇 번씩이나 홍대 앞 라이브클럽 빵에서 평소 듣던 인디밴드의 음악을 라이브로 듣고, 서울아트시네마에서 고전 영화를 보았다. 아이디어가 막히면 북아현동에서 광화문 교보문고까지 걸어갔다.

그렇게 하다 보니, 주머니 사정은 항상 넉넉지 않았다. 김밥 한 줄이나 주먹밥 하나로 끼니를 때우기 일쑤였다. 하지만 그렇게 아낀 밥값은 고스란히 내 단편영화의 제작비와 문화생활을 할 수 있는 거름이 되었다. 정말 신기하게도 육체의 배는 고팠지만, 꿈이라는 배는 항상 불렀다.

공모전 헌터, 제작비 회수 – 새로운 도전의 원동력

1년의 방황과 탐색을 마치고 2006년, 1학년 2학기로 복학했다. 나는 1년 전과 달라져 있었다. 이제는 무엇을 써야 할지 경험이 최소한은 쌓였다고 생각했고, 학기 중에 수업 과제로 장편 시나리오를 쓰고, 방학이면 단편영화를 찍는 강행군을 이어 갔다.

이때 나의 롤 모델은 미국의 로버트 로드리게즈 감독이었다.

<씬 시티>, <스파이 키드> 등을 연출한 그는 단돈 7,000달러로 스태프 한 명 없이 혼자서 데뷔작 <엘 마리아치>를 찍어 선댄스 영화제에 파란을 일으킨 전설적인 인물이다. 처음 책으로 그의 무용담을 접했을 때는 과장이 섞였다고 생각했다. 하지만 어렵게 구한 <엘 마리아치> DVD의 부록 영상인 '10분짜리 영화교실'을 보고 나는 충격을 받았다. 책에 적힌 내용은 진짜였다. '저게 정말 가능하구나!'

그길로 나도 무모한 도전을 감행했다. 파나소닉 디지털 캠코더 한 대와 최소한의 스태프, 배우들만 데리고 70분짜리 장편 독립영화를 찍기로 한 것이다. 제목은 <미니멀리즘 카페>. 선후배들의 도움으로 2개월을 하얗게 불태워 완성했다. 로드리게즈처럼 영화계에 파란을 일으킬 줄 알았다. 하지만 결과는 냉혹했다. 이화여대 학생들이 주최한 영화제에서 딱 한 번 상영되었을 뿐, 그 어느 곳에서도 불러 주지 않았다. 그때가 대학교 3학년이었다. 쓰라린 실패였지만, 이상하게도 후련했다. "그래, 주어진 환경에서 연출로 도전해 볼 수 있는 건 다해 봤다. 미련은 없다. 이제 시나리오에 집중하자."

그렇게 시나리오에 매진하며 대학 생활을 정리하던 무렵, 입대를 앞두고 마지막으로 딱 한 편만 더 찍고 가자고 결심했는데, 그렇게 탄생한 영화가 <알아도 모른 척>이었다. 자본주의 사회에서 변해버린 두 친구의 씁쓸한 만남을 다룬 6분짜리 단편이었는데,

이 영화에는 내 20대의 페르소나 정영기 형과 독립영화 〈낮술〉로 라이징 스타가 된 송삼동 형이 주연을 맡아 열연해 주었다. 결과는 성공적이었다. '대한민국 대학영화제' 본선에 올라 장항준 감독이 심사위원으로 있는 극장에서 상영되는 영광을 누렸고, 다른 더 작은 공모전에서도 상을 타서 제작비도 회수할 수 있었다.

그것으로 충분했다. 대학 시절 내내 원 없이 영화를 찍었고, 실패도 해 봤고, 박수도 받아 봤다. 더 이상 후회는 없었다. 북아현동 옥탑방의 찬 바람을 맞으며, 동파된 수도관을 녹이며 나는 배웠다. 결핍은 결코 장애물이 아니다. 오히려 나만의 방식, 나만의 오리지널리티를 만들어 내는 가장 강력한 무기다. 그때 몸으로 익힌 '가성비 생존법'과 '실행력'은 훗날 내가 창업을 하고, 투자를 하고, 유튜버가 되어 세상을 헤쳐 나가는 데 가장 든든한 자산이 되었다.

졸업장, 전역증,
그리고 100만 원

현실이라는 거대한 파도 앞에서 나만의 닻을 내리다

대학 생활의 낭만도 잠시, 고학년이 될수록 '졸업'이라는 현실의 무게가 어깨를 짓눌렀다. 영상시나리오과의 졸업 요건은 만만치 않았다. 1년에 장편영화 시나리오 한 편을 반드시 써내야 했다. 100분짜리 영화를 글로 채운다는 건 뼈를 깎는 고통이었다. 하지만 나는 피하지 않았다. 4년간 3~4편의 장편 시나리오를 탈고하며 내 안의 밑천을 쏟아부었다.

그중 〈사기와 연애의 방정식〉이라는 작품은 나에게 쓰라린 패배와 귀한 깨달음을 동시에 안겨 주었다. 2007년 대산대학문학상 시나리오 부문 최종심까지 올라갔지만, 결국 수상의 영광은 같은 학교 선배에게 돌아갔다. 솔직히 속이 쓰렸다. 상금만 받았어도 당분간 아르바이트 걱정 없이 글만 쓸 수 있었을 텐데. 하지만 지금 돌이켜보면 그때 떨어진 게 천만다행이었다. 내공이 여물기도 전에 내 그릇보다 큰 상을 받았다면, 나는 분명 어깨에 힘이 잔뜩 들어간 '개구리'가 되었을 것이다. "나 좀 쓰네?"라며 자만했을 테고, 더 이상의 노력은 없었을지 모른다. 그 패배 덕분에 나는 '메타 인지'를 배웠다. 세상은 넓고 나는 천재가 아니니, 요행을 바라지 말고 어제의 나보다 딱 1%만 더 노력하자고 다짐했다.

3, 4학년 때는 영화 〈음란서생〉, 〈방자전〉, 〈히든페이스〉를 연출하신 김대우 감독님께 배우며 〈그랜드파더〉라는 시나리오를 완성했다. 이 작품은 영화진흥위원회 시나리오 마켓 '추천작'으로 선정되기도 했는데, 추천작이 되면 당장이라도 영화가 만들어지고 인생이 풀릴 줄 알았지만 현실은 정말 냉정했다. 그것은 시작조차 되지 않은 걸음마 단계였고, 글이 영상화되기까지는 넘어야 할 산이 수십 개였다.

해병대 입대, 아버지의 죽음······ 방황은 끝났다

졸업이 코앞으로 다가오자 선택의 기로에 섰다. 돈이 없어도 예술혼을 불태우며 영화판에서 버틸 것인가, 아니면 뮤직비디오나 광고 같은 유관 분야로 가서 돈을 먼저 벌면서 훗날을 도모할 것인가? 나는 후자를 택했다. 낭만만 좇기엔 집안 형편이 너무 기울어 있었다. 돈을 벌어 다시 돌아오더라도, 일단은 '생존'이 먼저였다.

하지만 사회로 나가기 전, 대한민국 남자라면 해결해야 할 숙제가 있었는데, 바로 군대였다. 나는 조금이라도 더 '빡센' 곳을 가기로 했다. 인생의 갈림길에서 쉬운 길보다 어려운 길을 택하면, 당장은 힘들어도 나중에 남는 '경험치'가 더 있을 거라고 믿었기 때문이다. 고등학교 때 《바람의 검심》을 보고 따게 된 해동검도 1단 자격증이 가산점이 되어 해병대에 지원했고, 합격할 수 있었다.

포항 훈련소의 짠 내 나는 바닷바람을 맞으며, 그리고 강화도 해병 2사단 51대대 통신 중대에서 근무하며 20대의 중반을 보냈다. 몸은 고됐지만, 다양한 유형의 사람들을 관찰할 수 있었고 몸과 마음이 오히려 맑아지는 시간이었다. 그곳에서 나는 틈나는 대로 책을 읽으며 미래를 구상했다.

그러던 어느 날 시련은 예고 없이 찾아왔다. 일병 시절이었다.

아버지가 뇌출혈로 쓰러지셨다는 비보가 날아들었고, 그날 바로 돌아가셨다. 평생 호탕하게 사셨지만 보증으로 모든 것을 잃고, 어머니의 그림자로 사셨던 아버지. 특별 휴가를 나와 장례식을 치르고, 부대로 복귀하는 기차 안에서 전역하고 나면 더 이상 장난치거나 방황하면 안 된다는 생각이 들었다. 나는 외동아들이었고, 어머니는 혼자였다. 남은 군대 생활 동안 PX 이용을 멈추고 얼마 안 되는 월급이나마 모아서 전역 후를 준비하기로 했다.

2011년 크리스마스 날, 나는 전역했다. 거꾸로 매달아도 국방부 시계는 돌아간다는 말처럼, 오지 않을 것 같은 날이었는데 결국 왔다. 서울역 앞 온 세상은 화려한 조명으로 반짝이는데, 내 손에 들린 건 달랑 세 개뿐이었다. 추계예대 영상시나리오과 졸업장, 해병대 전역증, 그리고 통장에 남은 100만 원.

돌아갈 옥탑방도, 비빌 언덕도 없었다. 26살의 겨울, 27살을 1주일 남긴 크리스마스 날 나는 다시 원점에 섰다. 아니, 아버지가 남긴 부재의 무게까지 더해져 어깨는 더 무거웠다. 하지만 이상하게도 두렵지는 않았다. 2,000만 원짜리 조립식 집에서도, 적성과 무관한 고등학교에서도, 대학 시절 가난에 시달리던 최악의 환경에서도 단편영화를 만들고, 아르바이트를 하고, 시나리오를 쓰면서 결국 서울에서 살아남았으니까.

"그래, 내 인생은 원래 하드코어 장르였잖아. 이제 진짜 새로운 사건이 시작된 거야."

　나는 100만 원을 쥐고 서울 하늘을 올려다보았다. 엘리트 코스
는커녕 정해진 길도 없는 막막한 벌판이었지만, 나는 나만의 길을
개척하기로 했다. 그것이 비록 남들이 가지 않는 엉뚱한 삼천포일
지라도.

절약왕
정약용의

목돈
심서

2부

이직의 굴레,
퇴사의 자격

월 9만 원 생활비와 월 83만 원 강제 저축

365일 야근의 굴레와
월 9만 원의 생존기

꿈이 악몽이 된 순간, 그리고 35만 원 고시원 방의 비밀

서울역에서 고향으로 가는 기차 안, 차창 밖으로 스쳐 지나가는 화려한 불빛들을 보며 나는 막막함에 몸서리쳤다. "이제 뭐 해서 먹고살지?"

일주일 뒤인 2012년 1월, 나는 다시 서울행 기차에 몸을 실었다. 수중에 쥔 돈은 군대 월급을 모아 만든, 100만 원도 채 안 되는 돈이 전부였다. 월세 보증금은커녕 당장 찜질방 갈 돈도 아껴야 할 판이었다. 예술대학 졸업장 달랑 한 장 들고 서울역에 내린 스물일곱 청년에게 현실은 냉혹했다.

찬밥 더운밥 가릴 처지가 아니었다. '숙식 제공'이 가장 시급했다. 홍대 근처에 있는, 광고와 홍보 다큐멘터리를 만드는 작은 프로덕션에 들어갔다. 인턴 기간 첫 월급 명세서를 받아 들고 헛웃음을 지었다. 실수령액 83만 원. 서울 하늘 아래서 숨만 쉬어도 나가는 돈이 얼만데, 이 돈으로 미래를 꿈꾼다는 건 사치였다.

인턴을 끝내고 나와서 선택한 곳은 우리나라에서 가장 규모가 큰 뮤직비디오 프로덕션이었다. "여기라면 다르겠지." 하지만 착각이었다. 정규직 첫 월급 실수령액은 107만 원. 한 달에 프로젝트를 6개 넘게 하면 건당 10만 원씩 주는 보너스를 챙겨, 미친 듯이 8~9건을 소화해도 내 통장에 찍히는 돈은 고작 127만 원이었다.

그 돈으로 서울에 내 몸 하나 누일 곳은 '고시원'뿐이었다. 창문과 화장실이 있는 방은 40만 원, 창문 없고 화장실만 있으면 35만 원, 둘 다 없으면 30만 원. 나는 5만 원을 아끼기 위해 창문을 포기하고 '개인 화장실'을 택했다. 밤샘 촬영을 하고 들어와 마음 편히 씻고 싶다는, 인간으로서의 최소한의 존엄을 지키기 위한 투자였다.

127만 원에서 월세 35만 원을 빼면 92만 원. 나는 여기서 83만 원을 적금 통장에 넣었다. 남은 돈은 단돈 9만 원. 9만 원으로 한 달을 산다고? 사람들은 미쳤다고 했지만 가능했다. 아니, 가능해지는 환경이었다. 업계 특성상 1년 365일 중 명절 당일을 뺀 거의 모든 날이 야근이거나 지방 촬영이었다. 밥은 촬영장 밥차나 회사 법인카드로 해결했고, 쉴 때는 고시원에서 무료로 주는 밥과 김치, 라면으로 때웠다. 무엇보다 돈을 쓸 '시간'이 없었다. 불행인지 다행인지, 나의 노동력 착취가 나의 저축률을 강제로 높여 준 셈이다.

치열함 속 배움과 성장, 그리고 착취

물론, 그 시절이 내 인생에서 오로지 '최악'이기만 했던 것은 아니다. 지옥 같은 스케줄 속에서도 배움은 있었다. 당시 우리 회사는 1년에 100개 가까운 뮤직비디오를 찍어 내는 공장 같은 곳이었다. K팝 아이돌부터 밴드 음악까지 장르를 가리지 않았다. 덕분에 나는 단기간에 영상 제작의 A부터 Z까지, 기획부터 촬영 현장 지휘까지 연출·기획 파트의 모든 과정을 몸으로 때우며 마스터할 수 있었다. 소화해야 할 물량이 엄청나다 보니, 실력은 강제로 성장했다.

당대 최고의 톱스타들과 작업하는 영광도 누렸다. 소녀시대, 시크릿, 샤이니, 동방신기, 비투비, B1A4, AOA, 장근석 등 TV에서나 보던 별들과 밤을 새워 가며 현장을 누볐다. 단순히 시키는 일만 한 것도 아니었다. 시크릿의 '포이즌', 그리고 서인국, 다솜, 안재현이 출연해 반전 스토리로 화제가 되었던 케이윌의 '이러지

70

마 제발' 뮤직비디오의 시나리오와 기획안 작업에 직접 참여하기도 했다. 그때 치열하게 고민하며 쌓은 기획력과 현장 경험은 훗날 독립해서 1인 제작사를 차렸을 때 가장 든든한 밑천이 되어 주었다.

하지만 '성장'과 '착취'는 별개였다. 1년을 버텨 1,000만 원을 모았을 무렵 회사 선배가 자랑스럽게 말했다. "나 이 바닥에서 꽤 굴러서 3,000만 원 모았다." 그 선배는 나보다 훨씬 오래, 훨씬 더 갈려 나간 사람이었다. 그 말을 듣는 순간 정신이 번쩍 들었다. 저 선배처럼 뼈를 갈아 넣으며 몇 년을 더 일하더라도, 내 손에 쥐어질 미래는 고작 3,000만 원짜리 전세방뿐이구나. 비전이 보이지 않았다. 나는 그길로 사표를 던졌다.

"아, 꼭 이렇게만 살아야 하는 건 아니구나"

회사를 나오자마자 내가 향한 곳은 집이 아니었다. 공항이었다. 1년 동안 영혼까지 탈탈 털린 나에게 보상을 주고 싶었다. 생애 첫 해외여행, 목적지는 파리였다. 예산은 비행기표 포함해서 200만 원 미만으로 잡았다. 돌아와서 한국에서 지낼 시간이 길기 때문이었다. 그렇게 파리의 한인 민박에서 한 달 가까이 머물렀다.

그곳은 서울의 고시원과는 차원이 다른 공기가 흘렀다. 우연히 들어간 카페에서 영화 〈퐁네프의 연인들〉의 주인공 드니 라방을 마주치는 기적 같은 순간도 있었고, 오베르 쉬르 우아즈에 있는 고흐의 무덤 앞에 앉아 하염없이 위로를 받기도 했다. 민박집에서 만난 다양한 사람들의 삶, 그리고 파리의 낭만은 우물 안 개구리였던 내 시야를 터 주었다. "아, 인생을 사는 방법이 이렇게 다양하구나. 꼭 아등바등 야근하며 사는 것만이 정답은 아니구나." 그때의 경험은 훗날 내 인생의 방향키를 돌리는 데 큰 영감을 주었고, 한국에 돌아와 그 기록을 모아《한 번쯤 파리로 떠나도 괜찮아》라는 여행기를 POD(주문형 출판) 방식으로 출간하기도 했다.

파리에서 돌아온 나는 다시 9만 원짜리 생활로 돌아갔지만, 마음속에는 꺼지지 않는 불씨 하나가 심어져 있었다. 언젠가는 나도 저 파리의 예술가들처럼, 자유롭게 일하고 행복하게 살겠다는 다짐이었다.

파랑새를 찾아서
– 이직의 굴레와 '야생'을 위한 준비

블로그 마케팅부터 공공기관 PT까지, 독립을 위한 빌드업

뮤직비디오 회사를 뛰쳐나와 내린 결론은 하나였다. 결과물이 '영상'인 곳은 필연적으로 야근이 숙명이다. 영상을 직접 만드는 제작사(프로덕션)에 있는 한, 밤샘의 굴레를 벗어날 수 없다는 것을 뼈저리게 느꼈다. 그래서 선택한 다음 행선지는 영상을 직접 만들지 않고 외주를 주는 '광고 대행사'였다.

이곳에서의 업무는 기존에 하던 일과 180도 달랐다. 대기업 금융사와 보험사의 블로그를 제작하고 운영하는 일이었다. 영상 편집 프로그램 대신 텍스트와 씨름해야 했다. 조건은 확실히 나아졌다. 적어도 주말 휴식만큼은 칼같이 보장받았다. 하지만 세상에 공짜는 없었다. 주말을 얻었지만 평일 야근은 여전했다. 무엇보다 가장 큰 문제는 '적성'이었다. 금융 상품을 홍보하는 블로그 글을 쓰며 나는 시들해져 갔다. '내가 지금 여기서 뭘 하고 있는 거지?' 가슴 뛰는 영상 일을 떠나니 일은 그저 밥벌이가 되어 버렸다.

다시 고민이 시작되었다. '결과물은 내가 좋아하는 영상 콘텐츠이면서, 주말은 쉬고 야근도 적은 꿈의 직장이 있을까?' 도둑놈 심보 같았지만 포기하지 않고 수소문했다. 그리고 마침내 찾아냈다. 바로 '공공기관에 애니메이션을 납품하는 회사'였다.

월급 150만 원 박봉이지만 배움은 컸다

나는 그곳의 '제작팀'이 아닌 '기획팀'으로 들어갔다. 이것은 철저하게 준비된 선택이었다. 제작팀 애니메이터들은 마감을 맞추느라 야근을 했지만, 기획팀은 제안서를 쓰고, PT(프레젠테이션)를 하고, 시나리오를 써서 제작팀에 넘기면 퇴근할 수 있었기 때문이다. 내가 원하던 '워라밸'과 '영상 업무'의 교집합이었다.

하지만 기획팀을 선택한 진짜 이유는 따로 있었다. 바로 '미래의 독립' 때문이었는데, 언젠가 회사라는 울타리를 벗어나 야생으로 나가게 된다면, 가장 필요한 능력은 영상을 잘 만드는 기술보다 '일을 따 오는 기술'이라고 생각했다. 아무리 영상을 잘 만들어도, 클라이언트를 설득해 계약을 따내지 못하면 굶어 죽는 게 프리랜서와 사업가의 현실이니까. "여기서 제안서 작성 능력과 PT 스킬을 완벽하게 내 것으로 만들자."

월급은 150만 원 남짓으로 여전히 박봉이었지만, 배움의 크기는 달랐다. 나는 물 만난 고기처럼 일했다. 공공기관 입찰 제안서를 쓰며 논리적으로 설득하는 법을 익혔고, 경쟁 PT 무대에 서서 심사위원들의 마음을 훔치는 법을 연습했다.

그 회사에 오래 다니며 얻은 가장 큰 수확은 '자신감'이었다. 애니메이션만 주력으로 하던 회사였는데, 나는 과거 경력(뮤직비디오 조감독)을 살려 실사 영상 프로젝트를 제안했다. 강원도 교육청과 통일부의 뮤직비디오 제작 건이었다. 제안서 작성부터 경쟁 PT까지 내 손으로 직접 해서 프로젝트를 따냈다. 특히 강원도 교육청 건은 프로젝트 매니저(PM)까지 맡아 기획, 연출, 납품까지 전 과정을 홀로 총괄했다. 회사라는 간판을 달고 있었지만, 사실상 '1인 기업'의 예행연습이나 다름없었다. 프로젝트를 성공적으로 완수했을 때 내 안에서 확신이 들었다. '이제 나가서도 굶어 죽진 않겠구나. 내 힘으로 일을 따 오고, 내 힘으로 만들 수 있구나.'

비록 내 집 마련의 꿈은 요원해 보였지만, 나는 그곳에서 단순
한 월급쟁이가 아니었다. 언젠가 다가올 독립의 날을 위해, 야생
에서 살아남을 무기들을 하나씩 갈고닦고 있었다.

책 속에서 발견한
비상구

부의 추월차선에 올라타기 위한 준비

행복도 잠시였다. 평일 저녁, 여유롭게 미래를 계획해 보려고 계산기를 두드리는 순간 행복은 산산조각이 났다. "지금처럼 한 달에 83만 원씩 모아 1년에 1,000만 원을 만든다면?" 3년 동안 악착같이 모은 3,000만 원으로 고시원을 탈출해 북아현동 반지하 전세를 구한 건 기적이었다. 4평짜리, 조금은 습한 분리형 원룸이었지만 나만의 공간이 생겼다는 기쁨은 컸다. 하지만 거기까지였다. 여기서 7년을 더 숨만 쉬고 모아야 고작 1억 원. 서울 하늘 아래 아파트는커녕, 괜찮은 전세 구하기도 힘든 돈이었다.

결론은 명확했다. 이대로는 내가 꿈꾸는 단란한 가정을 꾸릴 수 없다. 평생 반지하를 전전하며 혼자 살아야 할지도 모른다. 독신주의자가 아닌 나에게 그것은 시한부 선고나 다름없었다. 직장 생활이라는 사다리는 튼튼해 보였지만, 그 끝은 내가 원하는 곳(소명을 가지고 일하며, 행복한 가정을 꾸리는 것)에 닿아 있지 않았다.

절망의 끝에서 나를 구원한 건 역시나 '책'이었다. 회사 점심시간과 퇴근 후 서점 경제 코너에 있는 책은 2년 동안 거의 다 읽은 것 같은데, 가장 인상적인 책은 《부의 추월차선》과 《4시간》이었다. 이 두 권의 책은 내 머리를 쇠망치로 내려치는 것 같은 충격을 주었다. '노동으로 부를 축적하는 게 아니다. 시스템으로 돈을 버는 것이다.' '일주일에 4시간만 일하고도 부자가 될 수 있다.'

내가 막연하게 상상만 했던 일들을 지구 반대편 누군가는 이미 실현하고 있었다. 심장이 다시 뛰기 시작했다. 나는 목표를 수정했다. '연봉 높은 직장인'이 아니라 '스스로 돈을 버는 시스템의 주인'이 되기로.

그때부터 나의 월급 루틴은 전쟁 모드로 바뀌었다. 월급의 80%는 무조건 저축해 시드머니를 만들고, 나머지 20%는 나를 위한 투자(자기계발)에 쏟아부었다. 평일 퇴근 후와 주말은 더 이상 휴식 시간이 아니었다. 다음 단계로 도약하기 위한 연구 시간이자, 나만의 사업을 준비하는 인큐베이팅 시간이었다.

2015년 12월, 서른 살의 겨울. 나는 회사에 사직서를 냈다. 더 이상 남의 꿈을 위해 야근하지 않겠다고, 이제는 나를 위해 밤을 새우겠다고 다짐하면서 말이다. 그렇게 나는 다시 한 번 야생으로 발을 내디뎠다. 2016년 1월 4일, 동네 세무서에서 내 이름으로 된 사업자 등록증을 받아 들었다. 이번엔 빈털터리가 아니었다. 3,000만 원짜리 반지하 전세방이라는 베이스캠프와, 책으로 다져진 마인드, 그리고 '반드시 내 시스템을 만들겠다'는 독기 품은 청사진이 내 손에 들려 있었다.

절약왕
정약용의

목돈
심서

3부

무명의
1인 사업자 생존법

고시원에서 서울 아파트 자산 증식

북아현동 반지하,
사장이 되다

내 인생을 결재하는 사장이 되다

2016년 1월 4일. 새해 첫 출근일이자, 내 인생의 독립 기념일이었다. 나는 빳빳하게 다려진 셔츠 대신 편한 후드티를 입고 서대문 세무서로 향했다. 떨리는 손으로 받아 든 사업자 등록증에서 대표자란에 적힌 내 이름 석 자를 보는 순간, 등골이 오싹하면서도 묘한 쾌감이 혈관을 타고 흘렀다. 드디어 나는 누군가의 결재를 기다리는 '대리'가 아니라, 내 인생을 결재하는 '사장'이 되었다.

나의 본사(HQ)는 서울 서대문구 북아현동의 4평짜리 반지하

방이었다. 직장 생활 4년 동안, 9만 원으로 버티며 악착같이 모은 3,000만 원으로 구한 전셋집. 창문을 열면 행인들의 발소리가 들리고 장마철이면 꿉꿉한 곰팡이 냄새가 올라오는 곳이었지만, 나에게 그곳은 실리콘밸리의 차고(garage) 부럽지 않은 혁신의 산실이었다.

초기 자본금은 직장 생활을 하며 장만한 맥북 한 대와 내 몸뚱이뿐이었다. 패기 있게 나왔지만, 현실은 냉혹했다. 회사 다닐 때야 내가 'PM'이라는 명함을 내밀면 미팅이 잡혔지만, 야생에 나온 나는 그저 무명의 1인 사업자일 뿐이었다. 훗날 '흑백요리사 2'에서 손종원 셰프가 남긴 명언이 뼈를 때렸다. "별 3개짜리 식당에서 일했다고 내가 쓰리 스타 셰프가 되는 건 아니다. 내 별은 내가 만들어야 한다." 정말 세상은 그랬다. 회사 간판을 뗀 문준희는, 스스로 빛을 내지 않으면 아무도 봐 주지 않는 돌멩이에 불과했다.

나는 북아현동 반지하에서 눈을 뜨면 매일 광화문 사거리에 있는 '할리스커피'로 출근했다. 그곳이 나의 제2 사무실이었다. 구석 자리에 앉아 10일 동안 음반 레이블에 돌릴 제안서를 만들었다. 통장 잔고가 바닥나기 전까지 버텨야 하는 '런웨이(Runway)' 기간을 확보하기 위해, 점심은 편의점 김밥 한 줄로 때웠다. 아이디어가 고갈되면 광화문 교보문고까지 걸어가 머릿속을 비우고 다시 돌아왔다.

그렇게 공들여 만든 제안서를 100군데가 넘는 음반 레이블에 뿌렸다. 결과는? 처참했다. 단 한 곳에서도 연락이 오지 않았다. '수신 확인' 표시는 뜨는데 답장은 없었다. 거절보다 더 무서운 건 '무관심'이었다. 전략을 바꿔야 했다. '어떻게 하면 이 응답 없는 세상이 나에게 대답하게 만들까?'

'디지털 노마드'를 꿈꿨으나 '디지털 노가다'가 된 현실

나는 역발상을 해 보았다. 나를 써 줄 곳을 기다리는 게 아니라, 내가 먼저 제안하는 것이다. 제작비가 없어 뮤직비디오를 못 찍는 인디 가수들, 그중에서도 예술성이 뛰어난 뮤지션을 찾아가 "내 사비로 찍어 드리겠다"고 제안하기로 했다. 당장의 돈보다는, 나를 증명할 '포트폴리오'가 절실했기 때문이다.

그렇게 찾은 뮤지션이 '신설희' 님이었다. 몽환적이고 예술성 짙은 음악으로 평단의 주목을 받던 분이었다. 나는 그녀의 곡 'The Weak' 뮤직비디오를 연출하기로 했다. 혹여나 내 실력이 부족해 누를 끼칠까 봐, 홍대 상상마당에서 현업 뮤직비디오 감독이 진행하는 4주 강의까지 등록해 그 수업의 결과물로 완성도를 높였다. 이어서 조금 더 대중적인 감성의 '노르웨이 숲'이라는 뮤지션의 '거짓말' 뮤직비디오도 찍었다. 전자가 '아트 필름'이었다면, 후자는 대중이 좋아하는 '드라마 타이즈' 형식이었다. "자, 이제 보여줄 게 생겼다." 과거에 참여한 대형 기획사의 뮤직비디오는 '남의 별'이었지만, 이 두 편은 온전한 '내 별'이었다.

이 포트폴리오를 무기로 다시 제안서를 돌렸다. 그러자 마법처럼 연락이 왔다. S 레코드였다. "저희 소속 가수들 뮤직비디오를 맡기고 싶은데, 편당 제작비가 50만 원밖에 없습니다. 그래도 가능할까요?" 50만 원은 장비 대여료에 쓰기에도 빠듯한 금액이었다. 하지만 나는 주저 없이 "하겠습니다"라고 답했다. 돈이 문제가 아니었다. 내 포트폴리오가 시장에서 통했다는 사실, 그리고 다음 스텝으로 갈 수 있는 징검다리를 놓았다는 게 중요했다.

대학 시절부터 갈고닦은 '가성비 제작 노하우'를 총동원했다. 오디션 프로그램 'K팝스타' 출신의 이설아, 뷰티핸섬, 마리슈 등 S 레코드 소속 뮤지션들의 뮤직비디오를 연달아 만들었다. 놀랍게도 50만 원짜리 저예산 뮤직비디오가 아리랑TV '이달의 클립'에 선정되기도 했다. 남들은 수천만 원을 들여 찍는 영상을 나는 아이디어와 발품으로 만들어 낸 것이다.

하지만 '성취감'과 '통장 잔고'는 별개였다. 내 회사의 이름으로 찍는 뮤직비디오는 찍으면 찍을수록 적자였다. 회사를 유지하려면 돈이 필요했다. 그래서 '투잡'을 뛰었다. 다른 광고 회사나 대형 뮤직비디오 프로덕션의 현장에 '제작 PD'로 팔려 다녔다. 연출이 아니라 스케줄 관리하고 도시락 시키는 PD 역할이었지만, 한 작품당 150만 원 정도를 받을 수 있었다. 내 회사에서는 적자를 보며 포트폴리오를 쌓고, 남의 회사에서는 PD로 일하며 그 적자를 메우는 기이한 구조였다. 그렇게 버티며 스타트업 앱 광고, 로지텍 바이럴 영상, 매일유업 CF 등 닥치는 대로 일을 했다.

돈은 직장 다닐 때보다 많이 만졌다. 하지만 곧 깨달았다. 이것은 내가 꿈꾸던 '디지털 노마드(digital nomad)'가 아니라, 그저 '디지털 노가다'일 뿐이라는 것을. 상사가 사라진 자리에는 '클라이언트'라는 더 무서운 상전이 수십 명 들어앉았다. 그들은 퇴근 시간도, 주말도 없었다. 새벽 2시에 수정 요청 전화가 오고, 데이트 중에도 노트북을 펴야 했다. 내가 아프면 수입이 0이 되는 구조, 일하는 시간과 수입이 정비례하는 노동 집약적 구조. 《부의 추월차선》에서 말한 시스템은 이게 아니었다. 나는 여전히 시간을 팔아 돈을 벌고 있었다. 단지 그 단가가 조금 높아졌을 뿐.

다시 계산기를 두드렸다. 그리고 결단했다. "클라이언트에게 의존하는 '수주업(受注業)'을 버려야 한다. 남의 일을 해 주는 게 아니라, 내가 주도하는 내 콘텐츠를 만들어야 한다."

유튜브 '수다쟁이쭌' 채널의 탄생, 그리고 진짜 독립

그때 내 눈에 들어온 것이 바로 '유튜브'라는 신대륙이었다. 하지만 나는 무모하지 않았다. 당장 밥줄인 외주 일을 끊어 내지 않았다. 대신 지독한 '이중생활'을 시작했다. 낮에는 뮤직비디오나 광고 현장에서 클라이언트의 요구에 맞춰 영상을 만들고, 밤에 퇴근하면 북아현동 반지하 방으로 돌아와 새벽까지 나만의 영상을 만들었다.

그렇게 탄생한 것이 '수다쟁이쭌' 채널이었다. 내가 가장 잘 알고, 가장 좋아하는 '뮤직비디오'를 분석하고 해석해 주는 리뷰 채널이었다. 밤잠을 줄여가며 영상을 올렸다. 반응은 뜨거웠다. 구독자가 폭발적으로 늘어나더니 어느새 10만 명을 돌파해 '실버 버튼'을 받게 되었다.

기회는 꼬리에 꼬리를 물고 찾아왔다. 내가 카카오 플랫폼 '브런치'에 틈틈이 연재하던 글을 보고 한 통의 메일이 왔다. '퇴사학교'의 장수한 교장님이었다. "작가님의 유튜브 노하우를 강의로 만들어 보면 어떨까요?" 그렇게 나는 '유튜버'이자 '유튜브 강사'가 되었다.

어느 순간, 계산기를 두드려 보니 답이 나왔다. 유튜브 채널 수익과 강의료, 이 두 가지 파이프라인에서 들어오는 돈이 굳이 외주 일을 하지 않아도 최소한의 생활이 가능한 수준을 넘어선 것이다.

그제야 확신을 가지고 선언했다. "더 이상 외주 안 받습니다."

그것은 단순한 거절이 아니었다. 남의 꿈을 이루어 주는 '노동자'에서, 내 꿈을 이루는 '생산자'로 완전히 넘어가겠다는 독립 선언이었다. 나는 그렇게 스스로 만든 시스템 위에서, 진짜 내 인생의 2막을 열었다.

잘나가던 '수다쟁이쭌'을 내 손으로 닫은 이유

절반의 성공과 실패, 더 나은 나를 위한 결단 '피벗(pivot)'

"더 이상 외주를 받지 않겠다"는 선언은 객기가 아니었다. 나에겐 확실한 '믿는 구석'이 있었다. 바로 밤잠을 줄여 가며 키워 낸 유튜브 채널 '수다쟁이쭌'이었다.

낮에는 생계를 위해 남의 영상을 만들고, 밤에는 내가 좋아하는 뮤직비디오를 분석하고 리뷰하는 영상을 만들었다. 몸은 고됐지만 반응은 즉각적이었다. 내가 만든 영상에 사람들의 댓글이 달리고, 늘어나는 구독자 수를 보는 건 마약 같은 희열이었다. 채널은 승승장구했다. 구독자 10만 명을 돌파해 유튜버들의 꿈이라는 '실버 버튼'을 받았다. 영상 조회수 수익만으로도 웬만한 직장인 월급을 넘어섰다.

파이프라인은 거기서 멈추지 않았다. 브런치에 연재하던 내 유튜브 성장기를 보고 퇴사학교에서 강의를 제안했다. 그렇게 나는 강단에 섰고, 그 강의안을 바탕으로 유튜브 관련 책도 출간했다. 유튜브 수익, 강의료, 인세 등 내가 그토록 꿈꾸던 '돈이 벌리는 시스템'이 비로소 완성된 것이다. 외주 일 없이도 내 힘으로 먹고사는 데 지장이 없었다.

그 치열했던 시간의 보상은 달콤했다. 나는 몇 년간 악착같이 모은 돈으로 북아현동 반지하를 탈출해 연신내의 9,000만 원짜리 빌라로 이사를 갔다. 비록 외관은 낡은 빨간 벽돌집이었고, 가끔 바퀴벌레가 출몰해 나를 기겁하게 했지만, 나에게는 궁전이나 다름없었다. 무엇보다 '지상'이었다. 창문으로 햇빛이 쏟아져 들어왔고, 방도 2개에 번듯한 주방까지 있었다. 그곳에서 나는 처음으로 '집다운 집'에서 사는 안락함을 느꼈다.

이 일을 계속할 수 있을까?

하지만 정점의 순간, 고민은 다시 찾아왔다. "이 일을 40대, 50대가 되어서도 할 수 있을까?" 수다쟁이쭌 채널은 아이돌 뮤직비디오를 분석하는 채널이었다. 주 시청자는 10대, 20대였고 나는 서른을 훌쩍 넘긴 아저씨였다. 트와이스나 방탄소년단의 신곡이 나오면 의무감에 새벽같이 일어나 분석 영상을 만들면서도, 내 마음 한구석은 공허했다. "이건 내 이야기가 아니잖아. 남의 콘텐츠에 기생해서 말만 얹는 거잖아." 게다가 저작권 문제도 늘 살얼음판이었다.

나는 실험해 보기로 했다. 내가 직접 하지 않고도 채널이 돌아가는 시스템을 만들어 보자. 새로운 도전을 위해 다른 채널을 기획하는 동안 수다쟁이쭌 채널의 운영을 외부에 맡기기로 했다. 원주에서 독립 프로덕션을 운영하는 팀을 섭외했다. 조건은 파격적이었다. 채널 수익의 80%를 제작팀이 가져가고, 나는 운영 수익의 20%만 받는 조건이었다. 나는 돈보다는 '자동화' 가능성을 시험해 보고 싶었다.

결과는 실패였다. 해당 팀이 1년간 열심히 운영해 주었지만, 내가 직접 할 때만큼의 조회수나 퍼포먼스가 나오지 않았다. 구독자들은 귀신같이 알았다. 영상에서 '주인의 영혼'이 빠졌다는 것을. 결국 1년 만에 계약을 종료했다. 이후 그 채널은 유명 래퍼가 소속된 레이블에 소정의 금액을 받고 매각했다. (지금은 채널명이 바뀌어 아예 다른 채널이 되었다.)

잘나가는 채널을 내 손으로 정리하는 과정은 쓰라렸지만, 그 안에서 귀중한 교훈을 얻었다. "결국 내 이야기가 아니면 오래갈 수 없다. 내가 주인이 되어 내 삶을 이야기해야 한다."

나는 과감하게 결단했다. 이제는 남의 이야기를 해설하는 해설사가 아니라, 내 삶을 증명하는 플레이어가 되기로. 그것이 바로 진짜 '피벗(pivot)'이었다.

‘퇴사학교’와
‘절약왕 정약용’의 탄생

내 나이에 딱 맞는 옷을 입자, 인생이 풀리기 시작했다

잘나가던 채널을 닫고, 나는 다시 백지 앞에 섰다. “진짜 내가 잘하는 게 뭐지? 내가 사람들에게 줄 수 있는 가치가 뭐지?”

그 답을 찾아 준 것은 퇴사학교에서의 경험이었다. 이 소중한 기회는 누군가의 소개나 학연, 지연 같은 인맥으로 얻어진 게 아니었다. 철저하게 나의 ‘기록’과 ‘콘텐츠’가 가져다준 선물이었다.

당시 나는 카카오에서 운영하는 글쓰기 플랫폼 ‘브런치’에 맨땅에 헤딩하며 유튜브를 키운 과정과 노하우를 연재하고 있었다.

화려한 이론이 아니라, 반지하에서 겪은 처절한 실전 경험담이었다. 그 진솔한 글을 눈여겨본 분이 바로 퇴사학교의 장수한 교장님이었다. 삼성전자를 퇴사하고 자신의 길을 개척하던 장 교장님은 내 글에서 진정성을 보았고, 먼저 연락을 준 것이다. "작가님의 이야기를 우리 학교 수강생들에게 들려주실 수 있을까요?" 그렇게 이어진 미팅에서 우리는 서로의 결이 맞음을 확인했고, 나는 퇴사학교의 유튜브 반 강사를 맡게 되었다.

처음엔 은평구와 시청 쪽 사무실에서 시작해 신사동으로 확장해 가는 퇴사학교의 성장 과정을 함께하며, 나 또한 강사로서 성장했다. 몇 년간 강의를 하며 만난 수강생들은 내 예상을 완전히 빗나갔다. 나는 중소기업 월급에 불만을 가진 분들이 주로 올 거라 생각했다. 하지만 강의장에는 대기업, 공기업 직장인은 물론 방송국 PD, 전문직, 심지어 전직 경기도 지역구 시장까지 앉아 있었다. 그건 내 유명세 때문이 아니었다. '퇴사'와 '제2의 인생'에 대한 니즈는 직급이나 연봉을 막론하고 대한민국 직장인이라면 누구나 품고 있는 화두였기 때문이다.

그들의 고민을 듣고 유튜브라는 도구로 해결책을 제시해 주면서 내 안에서도 어떤 '솔루션'이 싹트기 시작했다. "사람들이 진짜 원하는 건 화려한 영상 기술이 아니라, 내 삶을 주체적으로 살 수 있는 구체적인 방법론이구나." 그때의 치열했던 고민과 소통이 '절약왕 정약용'의 밑거름이 되었다. 또한 그 인연으로 진서원 출판사에서 《왕초보 유튜브 부업왕》이라는 첫 실용서를 냈고, 그 경력으로 세종사이버대학교 콘텐츠창작학부에서 외래교수(현재는 겸임교수)로 강단에 서게 되었다. 강사로는 검증도 안 되었고 아무런 배경이 없던 나에게, 오직 '글' 하나만 보고 손을 내밀어 준 장수한 교장님께 이 지면을 빌려 깊은 감사를 전한다.

당장 지갑을 채워 줄 실용적인 이야기를 하고 싶었다

그렇게 내 안의 모든 고민이 응축되어 폭발한 건 어느 날 새벽이었다. 고양시 행신동의 낡은 구축 아파트 신혼집. 샤워기 물줄기를 맞으며 머리를 감던 중, 불현듯 전구가 켜지듯 영감이 떠올랐다. 나는 물기를 닦는 둥 마는 둥 뛰쳐나와 메모장에 미친 듯이 적어 내려갔다. 수년간 수강생들에게 가르쳤던 핵심을 나에게 적용하는 기획안이었다.

채널을 기획할 때, 나는 시중에 나와 있는 거의 모든 경제 유튜브 채널을 모니터링 했다. 그런데 아쉬움이 컸다. 대부분 거시경제를 논하거나, 주식과 부동산 시황을 예측하는 데 치중해 있었다. "앞으로 시장이 어떻게 될 것인가?" 같은 뜬구름 잡는 이야기들이 많았고, 그 예측조차 틀리는 경우가 부지기수였다. 무엇보다 그 이야기들은 서울에서 태어나 엘리트 코스를 밟은 사람들에게나 해당되는 '그들만의 리그'처럼 느껴졌다. 지금 이 순간, 지방 소도시나 낡은 빌라에서 치열하게 살아가는 보통 사람들에게 당장 필요한 이야기는 아니었다.

나는 방향을 완전히 다르게 잡았다. "이론적인 이야기 말고, 진짜 실용적인 이야기를 하자. 거창한 경제 전망 대신, 당장 오늘 내 지갑을 채워 줄 부업 이야기를 하자." 서울의 엘리트가 아니라, 전국 방방곡곡에서 저마다의 업을 묵묵히 해 나가는 사람들에게 진짜 도움이 되는 채널을 만들고 싶었다.

장비? 필요 없다. 휴대폰으로 시작한다. 소재? 남의 이야기 말고 내 오리지널리티(생존기)를 푼다. 캐릭터? 갓을 쓰고 콧수염을 붙여서라도 확실하게 각인시킨다. 핵심? 무조건 진정성이다.

그렇게 탄생한 페르소나가 바로 '절약왕 정약용'이다. 조선 시대 실학자 정약용처럼 실사구시(實事求是)의 정신으로, 뜬구름 잡는 소리가 아니라 당장 내 삶을 바꿔 줄 실질적인 정보를 전하겠다는 다짐을 담았다.

초반에는 나를 가장 믿어 주던 아내조차 고개를 갸웃했다. "그 분장에 그 콘셉트가 먹힐까?" 하지만 영상이 올라가고 구독자가 반응하기 시작하자, 아내의 물음표는 느낌표로 바뀌었다. 이후 아내는 내가 어떤 새로운 도전을 하든 절대 의심하지 않는 가장 든든한 지지자가 되었다. 대학 은사님인 〈개를 훔치는 완벽한 방법〉의 김성호 감독님도 훗날 말씀하셨다. "처음엔 구독자가 적었는데, 며칠 사이에 4만 명, 10만 명을 돌파하는 걸 보고 깜짝 놀랐다"고.

사람들은 묻는다. "그 채널의 성공 비결은 실력입니까?" 나는 주저 없이 답한다. "99%는 운입니다." 코로나19 팬데믹을 누가 예상했겠는가. 불경기와 팬데믹이 겹쳐 집에서 할 수 있는 부업을 찾던 사람들에게, 정자관을 쓰고 나타난 무명의 남자가 "저는 이런 방식으로 이렇게 했습니다. 당신도 한 번 해 보세요. 할 수 있습니다"라고 외친 것이 시기적으로 딱 맞아떨어진 것이다. 그 모든 것을 내가 예측하고 기획했다면 거짓말이다.

하지만 나머지 1%에 대해서는 당당하게 말할 수 있다. 나는 내 인생 그 어느 순간에도 '그때그때 최선'을 다했다. 남과 비교하지 않고 어제의 나보다 딱 1%만 더 나아지자는 생각으로 9만 원 생활비를 버텼고, 밤잠을 줄여 영상을 만들었고, 브런치에 글을 썼고, 수백 명의 수강생을 만났다. 그 1%의 노력이 마중물이 되어 주지 않았다면, 99%의 운이 파도처럼 밀려왔을 때 그 파도에 올라타지 못하고 휩쓸려 떠내려갔을 것이다.

  '절약왕 정약용' 채널은 그렇게 운과 노력이 만나는 지점에서 탄생했다. 그리고 나는 그곳에서 외쳤다.

"대기업에 못 갔더라도, 전문직에 종사하지 않더라도 당신은 실패자가 아닙니다. 중소기업 다녀도, 소상공인이어도 부업을 통해 다양한 수익 파이프라인을 만들 수 있고, 대기업, 전문직만큼 월 수익을 늘릴 수 있습니다."

  이 메시지는 수많은 직장인의 가슴을 때렸다. 카메라는 화려하지 않았고 편집은 투박했지만 진심은 통했다. 반응은 폭발적이었다. '수다쟁이쭌' 때와는 차원이 달랐다. '덕분에 용기를 얻었습니다', '부업으로 월세 벌었습니다'라는 댓글이 쏟아졌다. 내 이야기가 누군가의 삶을 긍정적으로 바꾸고 있다는 사실은 전율이었다.

고시원에서 서울 아파트까지
– 실전 자산 증식기

지출 통제, 주거 사다리 타기, 자산 배분

내가 유튜브 활동명으로 쓰는 '절약왕 정약용'에서 '절약'은 단순히 돈을 아낀다는 의미가 아니다. 나에게 절약은 곧 '시간의 절약'을 뜻한다. 돈은 잃어도 다시 벌 수 있지만, 시간은 누구에게나 똑같이 하루 24시간인 절대적인 유한 자원이다. 지금 당신의 삶이 불만족스럽다면, 그것은 당신의 24시간 중 '나의 행복'을 위해 쓰는 시간이 턱없이 부족하기 때문일 확률이 높다. 자본주의 사회에서 내 시간을 온전히 소유하려면, 역설적으로 '돈'이 있어야 한다.

내가 일하지 않아도 돌아가는 시스템 소득이 본업의 월급을 넘어서는 순간, 우리는 비로소 하기 싫은 일을 하지 않을 자유, 즉 '퇴사의 자격'을 얻게 된다.

직장인 시절, 이런 생각을 지인들에게 말하면 하나같이 "미쳤냐?"고 했다. "대한민국에서 흙수저가 어떻게 그런 삶을 살아? 금수저나 가능한 거지. 우린 그냥 월급 받으며 시키는 일이나 잘하면 돼." 하지만 나는 속으로 '왜 그걸 시도해 보지도 않고 그렇게 말하지?'라고 생각했다. 해외에는 긱 이코노미(gig economy)로 자유롭게 사는 사람들이 이미 넘쳐나는데, 왜 우리만 안 된다는 건가. 나는 그들의 비웃음을 무시하고, 작게나마 실행해 보고자 했다.

많은 사람이 묻는다. "어떻게 파란만장한 과거를 가진 흙수저가 서울에 자가를 마련하고 자산을 불렸나요?" 비결은 대단한 한 방이 아니었다. 근본은 철저한 '절약'과 '지출 통제', 그리고 단계별 '주거 사다리 타기'와 '자산 배분'이었다.

1단계 | 고시원 - 종잣돈의 씨앗을 심다

사회 초년생 시절, 보증금이 없어 고시원을 택했다. 월급 127만 원 중 35만 원을 월세로 내고, 83만 원을 강제 저축했다. 남은 돈 9만 원으로 한 달을 살았다. 가능했냐고? 가능했다. 고정 지출을 극한으로 줄였다.

- **통신비**: 알뜰폰 요금제로 변경, 인터넷은 가입하지 않고 5년 넘게 휴대폰 테더링으로 버텼다. (이것만 해도 1년에 36만 원이다.)
- **식비**: 물은 도서관 정수기에서 떠다 마셨고, 밥은 회사 법인 카드나 고시원 무료 라면으로 해결했다.
- **보험**: 실비 보험 하나 빼고 다 없앴다. 사회 초년생에게 과도한 보험은 미래를 갉아먹는 적이다. 차라리 그 돈으로 청약 통장에 2만 원이라도 넣는 게 낫다.

처음 1년이 고통스러웠지, 적응하니 살 만했다. 돈을 안 쓰는 게 아니라, 쓸 돈이 없으니 자동으로 절약이 되었다. 그렇게 1년에 1,000만 원씩 모았다.

2단계 | 반지하 - 주거 비용을 0으로 만들다

3,000만 원이 모이자 북아현동 반지하 전세로 옮겼다. 영화 〈기생충〉이 떠오르는 집이었지만, 매달 나가던 월세 35만 원이 '0원'이 되었다. 저축 속도에 가속도가 붙었다. 점심은 5,000원짜리 한식 뷔페로 때우고, 남는 시간엔 교보문고에서 경제 서적을 탐독했다. 그곳에서 부업과 사업을 준비했고, 월급 외 수익을 만들기 시작했다.

3단계 | 빌라 - 지상으로의 탈출

퇴사 후 사업과 부업으로 소득을 늘려 6,000만 원을 더 모았다. 총 9,000만 원으로 연신내의 빨간 벽돌집 빌라 전세를 구했다. 가끔 바퀴벌레가 나왔지만, 방이 두 개였고 햇빛이 쏟아져 들어왔다. 행복했다.

4단계 | 경기도 고양시 아파트 - 첫 내 집 마련

결혼을 결심했을 때, 내가 모은 전세금 9,000만 원에 모은 돈을 더하고, 아내가 상하이에서 일하며 모은 4,000만 원을 합치니 약 1억 2,500만 원이 되었다. (조금 더 있는 돈은 변수에 대비하기 위해서 남겨 두었다.) 여기에 주택담보대출 1억 2,500만 원을 더해 경기도 고양시 행신동의 2억 5,000만 원짜리 구축 아파트를 매수했다. 우리의 원칙은 명확했다. '역세권(도보 15분 이내)', '초품아(초등학교 근처)', '대단지'라는 조건이 맞아야 했다. 왜냐하면 추후에 정리할 때 환금성이 가장 중요한 요소였기 때문이다. 화려한 새 집은 아니었지만, 내 명의의 등기권리증을 처음 쥐었을 때의 안정감은 무엇과도 바꿀 수 없었다.

5단계 | 경기 북부로의 후퇴 - 2보 전진을 위한 1보 후퇴

2021년, 유동성이 풀리며 집값이 올랐다. 나는 행신동 집을 4억 2,500만 원에 매도했다. 내 본업과 부업 수익과 아내의 월급을 합쳐 대출은 이미 다 갚은 상태였다. 그때 나는 서울로 진입하는 대신, 오히려 서울에서 더 먼 경기 북부로 이사를 결심했다. 이유는 두 가지였다. 첫째, 행신동은 서울과 가까워 모임이나 약속 등 본질과 무관한 일들에 시간을 뺏기는 일이 많았다. 나는 혼자 생산적으로 일할 시간이 절대적으로 필요했다. 그래서 일부러 약속을 잡기 어려운 곳으로 '유배'를 자처했다. 둘째, 당시 부동산 시장이 과열되어 거품이 빠질 시기라고 판단했다. 그래서 경기 북부에 25평에서 34평으로 평수를 넓혀 아파트를 매수하되, 그 집에는 임차인을 들이고 나는 더 싼 전셋집에 살았다. 집을 판 돈에서 남은 차액은 전부 수익률이 더 안정적인 '미국 지수 추종 ETF'에 넣었다. 서울과 떨어진 고요한 곳에서 평일에는 일에 몰입했고, 주말에는 아이와 아내와 함께 가평, 철원, 연천, 동해까지 경기 북부에서 가기 편한 교외로 놀러 다니면서 온전한 시간을 보냈다.

6단계 | 서울 입성 - 자산의 재배치와 리스크 헤지

경기 북부 생활은 평화로웠지만, 시장의 흐름이 보였다. 한국, 특히 서울의 부동산이 단순한 주거 공간을 넘어, 미국 ETF처럼 KB부동산 시세, 공시지가와 연동되는 '실거주가 가능한 우량 금융 상품'이 되어가고 있었다. 때마침 서울에서 부업으로 무인 공간 대여업을 시작하게 되어 관리가 필요했다. 나는 다시 움직이기로 했다. 가지고 있던 미국 ETF를 정리하고 경기 북부 집을 처분했다.

당시 부동산 거품이 꺼지던 시기라 경기 북부 집을 팔 때 손해를 아주 조금 봤다. 하지만 계산은 섰다. "하락기에 서울로 갈아타면, 훗날 서울 아파트가 유동성과 인플레이션 헤지로 인해 오를 때, 지금의 손해분을 만회하고도 훨씬 더 상승할 것이다." 그 예상은 적중했다. 나는 2023년, 시세가 반등하기 전 서울의 한 뉴타운 34평 아파트를 매수했다.

하지만 우리는 그 '새 아파트'에 들어가지 않았다. 대신 세를 주고, 우리는 공간 대여업 사업장 근처의 동네에서 '월세'살이를 시작했다. 이유는 명확했다. 아무리 서울 아파트가 좋아도, 전 재산을 집에 깔고 앉아 있는 건 리스크가 크다고 판단했기 때문이다. 전세는 아파트가 아닌 이상 최우선변제금 한도 내여야 보호가 되기에 월세를 택했다. 내가 거주하는 월세는 부업 수익으로 충분히 충당 가능했다. 남은 현금은 다시 미국 ETF에 분산 투자하고, 부동산 대학원에서 배운 경매·공매 지식을 활용해 상업용 부동산에도 일부 분산했다.

현금이 흐르는 자산에 대한 믿음

왜 그랬냐고? '현금흐름' 때문이다. 현금흐름이 흐르지 않는 자산만 잔뜩 쌓아놓으면 위험할 수 있다고 판단했다. 경기 변동이나 예기치 못한 변수가 터졌을 때 현금이 돌지 않으면 부도가 날 수 있기 때문이다. 성격이 다른 여러 자산으로 분산시켜 놓고, 해당 자산이 현금흐름이 나오는 자산일 경우, 어떤 종류의 변수와 경기 변동이 오더라도 현금흐름이 흐르게끔 설계해 놓은 것이다.

나에게는 유튜브 채널조차 내 정체성의 전부가 아니다. 리스크 관리 관점에서는 여러 가지 현금흐름 파이프라인 중 하나일 뿐이다. 한 가지에 '몰빵'하면, 가정이 있는 가장의 삶은 너무 위태로워진다.

나는 전업 투자자가 아니다. 매일 시세 창을 들여다보며 일희일비하지 않는다. 평일 자정쯤 뉴스를 보고 좀 떨어졌다 싶으면 줍고, 오르면 그냥 잔다. 자본주의가 망하지 않는 한 인플레이션 헤지할 정도로는 우상향한다는 믿음이 있기에 마음이 편안하다.

가난하게 태어난 건 내 잘못이 아니다. 하지만 내일의 가난까지 운명의 탓으로 돌릴 수는 없다. 과거가 불행했다고 미래까지 불행할 필요는 없다. 대단한 잭팟을 노리지 마라. 로또는 있으나 너무 거기에 올인하지 말자. 다만, 오늘 커피 한 잔 값을 아끼고, 그 돈으로 미국 우량지수 추종 ETF를 사고, 남는 시간에 월급 외 부수입 파이프라인을 작게나마 만들자. 그렇게 티끌을 모아 태산을 만들고, 그 태산을 굴려 더 큰 산을 만들자.

절약왕
정약용의

목돈
심서

4부

현금이 흐르는 파이프라인에 집착한 이유

**유튜버, 교수, 경공매 투자자,
공간 대여업자, 배당 투자자의 삶**

다양한 현금흐름으로
생존하기

AI가 대체할 수 없는 '다양한 현금흐름 시스템'을 만들다

사람들은 나를 '유튜버'라고 부른다. 틀린 말은 아니다. 하지만 그건 내 정체성의 극히 일부분일 뿐이다. 현재 나는 세종사이버대학교에서 학생들을 가르치는 겸임교수이자, 입지는 좋지만 여러 이유로 가치가 떨어진 상업용 부동산을 경매·공매로 낙찰받아 가치를 되살리는 '문메달 AI부동산 현금흐름연구소' 소장이다. 또한 서울 시내에서 무인 공간 대여 사업을 하는 자영업자이자, 미국 ETF의 배당금을 받는 투자자다. 그리고 집에서는 사랑스러운 딸의 아빠이자 현명한 한 여인의 남편이다.

내가 이렇게 직함이 많은 'N잡러'가 된 이유는 욕심이 많아서가 아니다. 겁이 많아서다. 20대 시절, 뮤직비디오 회사에서 뼈저리게 느꼈던 공포가 있다. "내 수입원이 단 하나뿐이라면, 그 수입원이 끊기는 순간 내 인생도 멈춘다." 그래서 나는 '절약왕 정약용' 채널이 한창 잘 되고 있을 때 오히려 위기감을 느꼈다. 온라인 파이프라인은 경기 변수나 플랫폼의 정책 변화에 따라 언제든 '돈맥경화'가 올 수 있기 때문이다.

잘될 때가 오히려 위기, 부동산학 석사 도전!

나는 시선을 온라인 밖으로 돌렸는데, AI 기술은 온라인에서 특히나 무서운 속도로 발전하고 있었기 때문이다. 머지않아 온라인 업무의 99.9%는 AI로 대체될 수도 있다고 생각한다. 하지만 '피지컬 AI'조차 쉽게 대체할 수 없는 영역이 있다. 그건 바로 '오프라인 공간'이다.

물건을 사고파는 소매점은 줄어들지 몰라도, 사람이 만나고 체험하고 머무르는 공간에 대한 수요는 절대 사라지지 않는다. AI가 아무리 유능해도, 그 자체가 물리적 공간이 될 수는 없다.

그래서 나는 '상업용 부동산'과 '공간 대여업'에 집중했다. 꼭 내 이름으로 된 등기가 있어야만 하는 건 아니다. 때로는 다른 사람의 주택이나 상가를 임차해서 에어비앤비나 파티룸을 운영해 사업 소득을 만들고, 권리금을 받고 엑시트하는 유연한 전략도 취했다. 중요한 건 '소유'가 아니라 '현금흐름'이니까.

물론 공간업은 '입지'가 생명이다. 수요와 공급을 잘못 읽고 엉뚱한 곳에 깃발을 꽂는 순간 극복 불가능한 늪에 빠진다. 그래서 나는 대충 감으로 하지 않았다. 대학원에 진학해 부동산학 석사 과정을 밟았다. 육아 때문에 휴학도 했지만, 5학기 동안 치열하게 이론과 현장 실무를 익혔고, 2026년 2월 드디어 석사 학위를 받는다.

이렇게 나는 내 자산을 성격이 다른 여러 바구니에 나눠서 담았다.

- **근로소득 파이프라인**: 세종사이버대학교 겸임교수(전문성 및 안정성)
- **사업소득 파이프라인**: 문메달 AI부동산 현금흐름연구소(경매·공매), 무인 공간 대여업(자영업)
- **온라인 파이프라인**: 유튜브 채널, 스톡 콘텐츠(이미지, 음원) 로열티, 책 인세, 앱테크
- **오프라인 파이프라인**: 상업용 부동산 임대(월세 수익)

- **금융 파이프라인**: 미국 ETF 배당금, 저축은행 파킹통장 이
  자(유동성 확보)
- **꿈(R&D) 파이프라인**: 문메달 북스(스토리 IP 비즈니스)

우리 가정을 지켜 주는 파이프라인 6개

이것은 마치 거대한 파도가 쳐도 뒤집히지 않는 '불침항모(不沈
航母)'를 만드는 과정과 같았다. 온라인 수익이 줄어들면 오프라인
월세가 받쳐 주고, 경기가 흔들리면 달러 자산(미국 ETF)이나 파킹
통장의 이자가 방어해 준다. 겸임교수로서의 근로소득은 소액이
지만 나의 전문성을 증명함과 동시에 안정감을 더해 준다. 그리고
당장 돈이 되지 않더라도 미래를 위해 투자하는 꿈의 파이프라인
(문메달 북스)은 내가 지치지 않고 나아갈 수 있는 원동력이 된다. 어
떤 변수가 닥쳐도 현금흐름이 마르지 않도록 설계해 놓은 것이다.

물론, 냉정하게 따져 보면 내가 세팅한 이 다양한 파이프라인
들의 총합이, 본업 하나로 수억 원의 연봉을 받는 전문직이나 대기
업 임원의 월 현금흐름보다 낮을 수도 있다. 하지만 나는 '액수'의
크기보다 '구조'의 안전함을 택했다. 여러 가지 형태로 자산과 리
스크를 분산시켜 놓아 어떤 경기 변동이 와도 망하지 않게끔 리스

크를 헤지하는 것, 그것이 나의 최우선 목표였다.

아마도 아버지의 빚보증으로 인해 우리 가족이 겪어야 했던 공포 그 자체인 경제적 고통이 뼈에 사무쳤기 때문일 것이다. 한 방에 모든 것이 무너져 내리는 아픔을 너무나 잘 알기에, 나는 결코 무너지지 않는 단단한 성을 쌓고 싶었다. 또한, 엔터테인먼트 업계에 잠시 몸담으며 깨달은 진리도 있었다. 천년만년 가는 아이돌도, 영원한 스포츠 스타도 없다. 아무리 화려한 전성기라도 언젠가는 저물기 마련이다. 그렇기에 성격이 다른 파이프라인으로 리스크를 분산시켜 놓은 것이다.

상처 주지 않는
마음 부자가 되고 싶어서

주거용이 아닌 '상업용 부동산'을 고집하는 이유

부동산 투자를 한다고 하면 흔히 아파트 갭투자를 떠올린다. 하지만 나는 경매와 공매로 부동산을 취득할 때 철칙이 하나 있는데, '주거용 부동산은 건드리지 않는다'는 것이다. 오직 '상업용 부동산'만 본다.

이유는 단순하다. 누군가에게 상처를 주고 싶지 않아서다. 경매로 넘어온 아파트에는 누군가의 눈물이 묻어 있다. 명도 과정에서 겪는 갈등은 많은 사람의 역린을 건드리는 일이다. 또한 시세

차익만을 목적으로 주거용 부동산을 무리하게 세팅하다가 역전세라도 맞으면, 본의 아니게 세입자에게 피해를 줄 수 있다. 나는 애초에 그런 리스크를 만들고 싶지 않았다.

반면 상업용 부동산은 다르다. 죽어 있는 상권을 살리고, 낡은 공간을 수리해 영업하기 좋은 곳으로 만들면 임차인도 좋고 나도 좋다. 해당 지역의 동네도 살아난다. 정당한 가치를 제공하고 월세를 받는 구조, 그것이 내가 생각하는 건강한 투자다.

또한 나는 자산 배분에 있어서도 '올인'을 경계한다. 아무리 대단한 자산가도 부동산에만 몰빵했다가 경기 침체기에 현금이 돌지 않아 부도를 내는 경우를 수없이 목격했다. 그래서 나는 상업용 부동산뿐만 아니라 미국 우량지수 추종 ETF에도 자산의 일부를 배분한다. 부동산은 덩어리가 커서 현금화가 느리지만, ETF는 클릭 한 번이면 현금이 된다. 경기 변동이 와도 버틸 수 있는 힘, 그것은 대박 수익률이 아니라 '마르지 않는 현금흐름'과 '분산된 리스크'에서 나온다.

2026년, 나는 '절약왕 정약용'으로서 온라인 현금흐름을 이야기하는 것을 넘어 '문메달 AI부동산 현금흐름연구소'를 통해 오프라인에서 가치를 창출하고 현금흐름을 만드는 노하우를 더 많은 사람과 나눌 계획이다.

생존을 넘어
꿈을 위한 파이프라인

다시 펜을 든 86년생 이야기꾼의 도전

나의 10대와 20대는 '이야기꾼'을 꿈꾸던 영화학도의 시간이었다. 비록 가난이라는 현실의 벽에 부딪혀 잠시 펜을 놓고 생업 전선에 뛰어들었지만, 가슴속 불씨는 꺼진 적이 없었다. 치열하게 살아온 덕분에 이제 생존을 위한 현금흐름은 과거보다는 조금 나아졌다. 가장으로서의 의무를 다할 수 있는 든든한 방패 하나 정도는 생긴 것이다. 그러자 다시 꿈틀거리는 것이 있었다.

"이제 다시, 더 늦기 전에 정말 쓰고 싶은 이야기를 써 보자."

나는 지금 소설 집필에 도전하고 있다. 시나리오가 아닌 '소설'이다. 시나리오는 영화·드라마·OTT 제작사나 투자사의 선택을 받지 못하면 세상의 빛을 볼 수 없다. 나 역시 과거에 자작 시나리오로 한 제작사에서 웹 드라마 연출 계약까지 맺었지만, 투자 단계에서 엎어지는 아픔을 겪었다. 내 창작물의 운명을 남의 손에만 맡기고 싶지 않았다. 소설은 다르다. 내 손끝에서 온전히 완결되는 나만의 스토리 IP(지식재산권)다.

나는 2025년에 그동안 써 두었던 시나리오들을 각색해 2편의 소설로 만들어 스토리 IP를 확보했다. 그 후, 2026년 출간을 목표로 세 번째 오리지널 소설 《K팝 듣는 경매꾼》을 집필 중이다. 내가 경제 유튜브를 운영하며 겪은 자본주의 생태계의 이면, 경매 현장을 누비며 본 인간 군상, 그리고 부동산 대학원에서 배운 이론까지 내 인생의 모든 경험을 이 소설에 갈아 넣고 있다.

10년의 야생 생활, 나만의 스토리텔링

누군가는 내가 경제 관련 유튜버 활동에 올인하고, 한때 경제 인플루언서들이 모인 MCN에도 소속되어 활동할 때 이렇게 말했다. "저 친구는 이제 이야기꾼에서 아예 다른 카테고리로 넘어갔구먼." 하지만 그건 오해다. 나는 항상 스토리텔링을 연마해 왔다고 생각한다. 학생 시절 단편영화에서 뮤직비디오로, 광고로, 애니메이션으로, 다시 유튜브로 도구만 조금 바뀌었을 뿐 그 안에서 나는 끊임없이 이야기를 하고 있었다. 스토리텔링은 어디에서나 필요하니까.

대학 시절 휴학을 하며 깨달은 것이 있다. 결국 콘텐츠는 '무엇(What)'을 '어떻게(How)' 담느냐의 문제다. '어떻게'는 학교에서 배울 수 있지만, '무엇'은 치열한 삶의 현장에서 사람들과 부대낄 때 비로소 핍진성(리얼리티)을 얻는다. 지난 10년간의 야생 생활은 나에게 그 '무엇'을 가득 채워 주었다.

내가 쓰려고 하는 소설은 부동산, 금융 등 경제 분야를 소재로 한 범죄 스릴러다. 이 바닥에는 '꾼'들도 많고, 기가 막힌 사기 사건도 너무나 많다. 내가 꿈꾸는 것은, 독자들이 재미있게 소설을 읽었을 뿐인데 경제 지식이 향상되고 범인들이 쓰는 사기 수법의 메커니즘을 자연스럽게 알게 되어 그들로부터 자신을 지킬 수 있게 되는 것이다. 엔터테인먼트적인 재미와 실용적인 지식을 동시에 갖춘 이야기라면 세상에 내놓아도 부끄럽지 않을 것이라 믿는다.

그것이 내가 꿈의 파이프라인으로 '스토리 IP'를 택하고, '문메달 북스'를 만들어 다시 글을 쓰는 진짜 이유다. 기존의 파이프라인들이 나와 내 가족을 지키기 위한 '생존 파이프라인'이라면, 이 소설 집필은 오롯이 나 자신의 자아실현과 세상에 대한 기여를 위한 '꿈의 파이프라인'이다.

야생에서 10년,
또 다른 김전일들에게 전하는 응원

살아남는 자가 강한 자다

2016년 1월 4일, 북아현동 반지하에서 사업자 등록증을 쥐고 야생에 뛰어든 지 어느덧 만 10년이 흘렀다. 직장이라는 울타리 없이 맨몸으로 부딪치며 배운 교훈은 하나다. "시장에서 살아남는 자가 강한 자다." 한 방을 노리며 무리하게 베팅했던 수많은 사람이 욕심의 무게를 이기지 못하고 시장에서 사라져 갔다. 나는 대박보다는 '리스크 헤지'를, 속도보다는 '방향'을 믿었다. 그 우직함이 나를 여기까지 데려왔다.

어딘가에 있을 또 다른 김전일인 당신에게 드리고 싶은 나의 진심은, 다양한 현금흐름 파이프라인을 세팅해 경제적 안전망을 갖추게 된다면 그다음에는 부디 '꿈을 위한 파이프라인' 하나쯤은 꼭 만들었으면 한다는 거다.

숫자를 좇지 말고 나비가 되어라

동화 《꽃들에게 희망을》에는 인상적인 장면이 나온다. 수많은 애벌레가 서로를 짓밟으며 거대한 기둥을 기어오른다. 그 꼭대기에 무엇이 있는지도 모른 채, 남들이 가니까 불안해서 따라가는 것이다. 하지만 막상 꼭대기에 도착해 보니 그곳엔 아무것도 없었다. 진정한 자유를 얻은 건, 기둥 오르기를 포기하고 고치(번데기)가 되어 인고의 시간을 견딘 후 '나비'가 된 애벌레였다. 나비는 기어다니는 애벌레들이 상상조차 할 수 없는 넓은 세상을 자유롭게 유랑한다.

나 또한 경제 채널을 운영하며 맹목적으로 숫자만 좇는 사람들을 많이 보았다. 이미 충분히 가졌음에도 통장 잔고의 숫자를 늘리는 것 자체가 목적이 되어 버린 삶, 그것만 좇기에는 우리의 시간은 너무나 유한하다. "어라?" 하는 순간에 1년이 휙 지나가 버리는 게 인생이다.

다양한 현금흐름으로 리스크를 헤지하고 실거주 집 한 채로 인플레이션을 방어했다면, 그 후에는 돈만 좇지 말고 사랑하는 가족을 위해, 혹은 가슴 깊이 묻어 두었던 자신의 꿈을 위해 새로운 도전을 시작했으면 한다. 과거의 성공 방식을 답습하며 안주하면 결국 도태될 뿐이다. 이것이야말로 야생이 나에게 가르쳐 준 진리다. 새로운 것에 도전해야 현상 유지라도 할 수 있고, 시나브로 성장할 수 있다.

나도 매너리즘에 빠지지 않기 위해 매년 새로운 껍질을 깨고 나오는 중이다. 나는 그 길을 꾸준히 걸어왔고, 어제의 나보다 오늘 1% 전진하려고 노력했다. 나처럼 10대 시절에 집안이 풍비박산 났던 시골 촌놈, 학비가 없어 적성에도 안 맞는 공고에 갔던 사람도, 주어진 환경 안에서 할 수 있는 최선을 매일 조금씩 하니 작은 변화를 일굴 수 있었다. 그러니 여러분도 자신의 온도에 맞는 삶으로 변화할 수 있을 거라고 믿는다. 우리는 모두 행복해질 권리가 있다. 따뜻한 집에서 사랑하는 가족과 내가 원하는 시간에 웃으며 밥 먹을 권리. 그 권리를 되찾기 위해 오늘 당장 당신의 '시간'과 '돈'을 절약하고, 추가 현금흐름 파이프라인을 만들고, 인플레이션 헤지할 수 있는 자산에 분산 투자하라. 그것이 온라인이든 오프라인이든 말이다.

아주 작은 시작이 당신의 인생을 서서히 바꿀 것이다. 여러분

도 부디 타인의 속도에 휘둘리지 말고, 자신만의 온도로, 자신만의
날개로 훨훨 날아오르길 응원한다. 우리는 모두 나비가 될 수 있
는 저마다의 인생에서의 김전일이니까.

절약왕
정약용의

목돈
심서

5부

1억이라는 환상 대신 1,000만 원의 실체에 집중하라!

월 200만~300만 원 월급쟁이 자산 증식 매뉴얼

욜로(YOLO)하다 골로 간다
– 대한민국 생존 보고서

1등 칸을 향한 경쟁 대신, 열차 밖 '야생성'을 길러야 하는 이유

전국을 돌며 수많은 청춘과 직장인들을 대상으로 강연할 때마다, 나는 칠판에 큰 글씨로 이렇게 적고 시작한다.

"욜로(YOLO)하다 골로 간다."

"한 번뿐인 인생, 즐기며 살자"는 말은 달콤하다. 하지만 그 달콤함 뒤에는 쓰디쓴 청구서가 기다리고 있다. 통계청 데이터를 보

자. 2025년 기준, 대한민국 1인 가구 중위 소득은 240만 원 남짓이다. 반면 서울의 아파트 중위 가격은 10억 원을 훌쩍 넘었다. 월급을 한 푼도 안 쓰고 숨만 쉬며 모아도 40년이 걸린다는 계산이 나온다.

더 무서운 건 '시간'이다. 대한민국 직장인이 주된 일자리에서 물러나는 평균 나이는 49.4세다. 100세 시대라는데, 인생의 절반도 살지 않았는데 회사 밖으로 떠밀리는 것이다. 준비 없이 은퇴한 자영업자의 절반 이상이 월 소득 100만 원 미만으로 빈곤하게 산다는 통계는 남의 이야기가 아니다.

이것이 우리가 탑승한 '설국열차'의 현실이다. 모두가 1등 칸(전문직, 대기업 임원 등)으로 가기 위해 치열하게 경쟁하지만, 그 끝에 영원한 낙원은 없다. 빠르게는 육아 휴직 등으로 인한 경력 단절, 늦어도 49.4세에 정년퇴직이 기다린다. 이제 우리는 선택해야 한다. 좁은 열차 안에서 서로를 밟고 올라설 것인가, 아니면 과감하게 열차 밖으로 눈을 돌려 나만의 생존 시스템을 미리 만들 것인가. 나는 후자를 택했고, 그 선택이 나를 구원했다.

경제 문맹 탈출
– 짜장면과 인플레이션의 비밀

왜 내 월급만 빼고 다 오르는가?

본격적인 재테크에 앞서, 우리는 왜 돈을 모으고 불려야 하는지 '경제의 기본 원리'부터 알아야 한다. 많은 사람이 "은행에 예금만 잘해도 되는 거 아니냐"고 묻는다. 단언컨대 아니다.

1980년대, 짜장면 한 그릇은 약 500원이었다. 당시 500원은 꽤 큰 돈이었다. 만약 그때 당신이 소중한 500원을 땅속에 묻어 두었다가 2026년인 오늘 꺼냈다고 치자. 그 500원으로 지금 짜장면을 사 먹을 수 있을까? 어림도 없다. 7,500원이 넘는 짜장면은커녕

편의점 컵라면 하나 사기도 빠듯하다. 돈의 액면가는 그대로 500원이지만, 그 돈으로 살 수 있는 실물(구매력)은 형편없이 쪼그라들었다.

이것이 바로 '인플레이션(Inflation)'이다. 자본주의 시스템은 끊임없이 돈을 찍어 내기 때문에, 화폐의 가치는 시간이 갈수록 필연적으로 하락한다. 쉽게 말해, 현금은 가만히 두면 녹아내리는 얼음과 같다. "내 월급만 빼고 다 오른다"는 말은 농담이 아니라 사실이다. 물가 상승 속도를 내 월급 인상 속도가 따라잡지 못하기 때문이다.

따라서 우리가 해야 할 일은 녹아내리는 현금을 붙들고 있는 게 아니라, 시간이 지날수록 가치가 오르는 '실물 자산(부동산, 주식, ETF, 금 등)'으로 바꿔 타는 것이다. 투자는 부자가 되기 위한 선택이 아니라, 내 자산을 지키기 위한 필수 생존 수단이다.

인생의 성적표
– 적자 인생 vs 흑자 인생

당신의 '잉여 현금'은 어디로 가고 있는가

경제학에는 '생애 주기 가설(Life-cycle Hypothesis)'이라는 개념
이 있다. 쉽게 말해 인간의 일생을 '수입'과 '지출'의 관점에서 그래
프로 그린 것이다.

- **1구간(유년기~20대 중반)**: 돈을 벌지 못하고 쓰기만 하는 '적자
  (Deficit)' 구간. 부모님의 지원이나 학자금 대출로 버틴다.

- **2구간(20대 후반~50대)**: 취업 후 은퇴 전까지 돈을 버는 '흑자(Surplus)' 구간. 인생에서 유일하게 수입이 지출보다 많은 황금기다.

- **3구간(60대 이후~사망)**: 은퇴 후 수입이 끊기지만, 생활비와 의료비는 계속 나가는 '적자' 구간.

문제는 100세 시대가 되면서 3구간(노후 적자)이 기형적으로 길어졌다는 점이다. 재테크의 핵심은 간단하다. 짧은 2구간(흑자)에서 번 돈을 최대한 아끼고 불려서, 길어진 3구간(적자)으로 옮겨 놓는 것이다. 지금 당신이 2구간에 있는데도 번 돈을 욜로(YOLO)하며 다 써 버린다면? 당신의 3구간은 지옥이 될 것이다.

젊은 날의 명품 가방과 잦은 호캉스가 노년의 빈곤을 담보로 한 것이라면, 그것은 즐거움이 아니라 공포다. 물론 현금흐름이 압도적으로 많아서, 취미의 연장선으로 좋은 패션 안목을 유지하고, 행복한 공간 경험을 만끽하는 것에는 동의한다. 다만, 월 소득이 해당 소비를 자주 할 정도가 아닌데도, 무리하게 빚을 내면서까지 소비에 쓰는 것에는 반대한다는 것이다.

방어의 기술
– 월 9만 원의 생존 본능

풀돈을 아껴야 종잣돈이 생긴다

그렇다면 2구간에서 어떻게 '잉여 현금'을 만들 것인가? 첫 번째는 '방어(지출 통제)'다. 내가 사회 초년생 시절, 월급 127만 원 중 83만 원을 저축하고 9만 원으로 한 달을 살았던 이야기를 하면 다들 혀를 내두른다. 하지만 그건 미련한 짓이 아니라, 내 인생의 기초 체력을 기르는 훈련이었다. 물론 그 정도로 극단적으로 아낄 수 있었던 것은 당시 일했던 직장이 영상 프로덕션이라 촬영 현장에 나오는 밥차가 있었기 때문이다. 게다가 고시원에서는 밥과 김치를 제공해 주었다. 너무 심하게 통제하는 것까지는 아니더라도 어느 정도는 방어하는 습관을 길러야 추후에 목돈이 들어오더라도 새어 나가지 않게 지킬 수 있다. 다음의 3가지는 20대에 꼭 지켰으면 하는 것들이다.

- **통신비 다이어트**: 알뜰폰 요금제는 기본이다. 나는 5년간 인터넷 가입 없이 휴대폰 테더링으로 버텼다. 불편함은 잠깐이고 통장 잔고는 영원하다. 솔직히 지금도 내 개인 휴대폰은 알뜰폰을 사용한다.

- **보험 리모델링**: 사회 초년생에게 월 10만 원 넘는 종신 보험이나 변액 보험은 사치다. 아플 때 혜택을 볼 수 있는 실비 보험 하나면 충분하다. 그 외 돈으로 청약 통장에 부담된다면 2만 원, 부담 안 된다면 10만 원을 넣어라. 그게 미래의 내 집이 된다. 내 집이 안 되더라도, 내 집 마련 시에 주택담보대출의 금리를 낮추는 데 도움이 된다.

- **소비의 통제**: 할부는 미래의 소득을 가불해 쓰는 마약이다. 체크카드를 사용하고, '시발비용(스트레스 해소 비용)'을 줄여라. 편의점 4캔 만 원 맥주 대신, 도서관 정수기 물을 마시며 책을 읽어라. 다만 신용점수 관리를 위해서라면, 은행에서 모바일 단독으로 발급해 주는 신용카드가 있다. 실물 카드

는 없는데 휴대폰 앱에서만 확인 가능한 카드다. 해당 카드를 발급 후에 가스비, 공과금 등에 자동이체만 걸어놓고 그 신용카드는 없다고 생각하고 살아라. 어느 순간에 신용점수가 계속 올라 있을 거다.

지출 통제는 단순히 돈을 안 쓰는 게 아니다. 내 욕망을 통제하고, 자본주의의 유혹에 흔들리지 않는 '자존감의 근육'을 키우는 과정이다.

공격의 기술 1
– 온라인 부업 시스템 만들기

시간과 자격의 진입장벽을 쌓아라

방어가 되었다면 그다음은 '공격(현금흐름 증대)'이다. 회사 월급만으로는 절대 부자가 될 수 없다. 월급 외에 10만 원이라도 들어오는 파이프라인을 뚫어야 한다. 많은 사람이 "스마트스토어 위탁판매나 해 볼까?", "단순 타이핑 알바나 해 볼까?" 하고 묻는다. 미안하지만 누구나 쉽게 시작할 수 있는 부업은 이미 레드오션이다. 진입장벽이 낮으면 경쟁자가 몰리고, 처음에는 수익이 날 수 있으나 어느덧 수요보다 하려는 사람들이 초과 공급되어 수익은 0에 수렴한다.

나는 조금 더 '뾰족하고 유니크하며 시스템화할 수 있는' 부업을 제안한다. 핵심은 한 번 만들어 두면 내가 잠자는 동안에도 돈이 들어오는 구조를 만들거나, 혹은 진입장벽이 있어서 해당 현금 흐름이 계속 들어오게끔 하는 거다.

온라인 | 무자본 혹은 최대한 소액으로 시스템을 만들어라

- **스톡 콘텐츠**: 셔터스톡, 어도비 스톡, 미리캔버스 등에 내가 찍은 사진이나 동영상, 직접 그린 일러스트를 올려라. 스마트폰으로 찍은 풍경 사진도 팔린다. 한 번 올려 두면 전 세계에서 24시간 판매된다. 잠자는 동안에도 달러가 들어오는 진짜 시스템이다.

- **POD(Print On Demand) 판매**: 재고 부담, 배송 걱정 없는 쇼핑몰이다. 마플샵이나 레드버블 같은 플랫폼에 내 디자인(그림, 문구)을 업로드만 해 두면, 주문이 들어올 때 제작과 배송을 업체가 대행해 준다. 디자인 하나로 평생 수익을 낼 수 있다.

- **콘텐츠 로열티**: 이모티콘이나 음원 등을 등록해 저작권료를 받는 것이다. 꼭 거창한 작곡가가 아니어도 된다. 특히 Suno

등 AI를 활용한 음원도 법제화가 되기 전까지는 해외 음원 유통 사이트들을 이용해서 실제로 유통할 수 있다. AI 가수가 빌보드의 한 차트 1위를 하는 시대다. "안 된다", "아니다"라고 선을 긋지 말고 어떻게든 방법을 찾아 실행하는 사람만이 기회를 잡는다.

- **제휴 마케팅**: 내 물건이 없어도 돈을 벌 수 있다. 쿠팡 파트너스나 아마존 어소시에이트를 통해, 블로그나 SNS에 상품 링크를 공유하고 수수료를 받는 구조다. 글쓰기 능력만 있다면 훌륭한 파이프라인이 된다.

- **온라인 한국어 강의**: 한국인이라는 것 자체가 스펙이다. 프레플리(Preply)나 아이토키(iTalki) 같은 플랫폼을 통해 외국인에게 한국어 회화 상대를 해 주며 돈을 벌 수 있다. 집에서 ZOOM 하나만 켜면 전 세계가 내 시장이 된다.

공격의 기술 2
- 오프라인 부업 시스템 만들기

오프라인 | 공간에 가치를 입혀라

오프라인 부업은 온라인보다 리스크가 크다. 잘못 들어가면 보증금은 물론 인테리어 비용까지 날린다. 그래서 철저한 공부가 필요하다.

유튜브 알고리즘을 타다 보면 '○○ 창업해 보고 경험한 진짜 현실', '절대 하지 마세요' 같은 영상들이 인기다. 망한 이야기를 들으며 위로와 공감을 얻는 게 인간의 본성이라지만, 나는 그 영상들에서 큰 아쉬움을 느낀다. 대부분 운영상의 고충만 토로하지, "내가 잘못된 입지에 창업해서 망했다"고 분석하는 사람은 거의 없다.

오프라인은 입지가 95%

대학원에서 부동산을 공부할 때 그들의 가게 위치를 지도로 찾아보았는데, 십중팔구는 애초에 들어가서는 안 될 자리였다. 수요와 공급이 맞지 않는 곳, 아무리 고수가 와도 살려내기 힘든 곳에 깃발을 꽂고는 '내 노력이 부족해서'라고 자책하는 모습이 너무 안타까웠다.

기억하라. 오프라인은 온라인과 달리 입지가 95%다. 그러니 창업 준비 기간의 모든 에너지를 입지 분석에 쏟아부어라. 입지만 제대로 선정해도, 나머지 5%(서비스, 인테리어)가 기본만 되면 대박은 아니더라도 절대 망하지는 않는다. 최소 6개월은 부동산 입지와 상권을 공부하라. 유동 인구는 얼마나 되는지, 주 타깃은 누구인지 발로 뛰어 조사하라. 임차로 들어가는 게 유리할지, 경매나 공매로 낙찰받아 소유하는 게 유리할지 판단할 수 있는 안목을 길러야 한다.

진짜 진입장벽은 '압도적인 저렴함'

　내가 오프라인 창업을 준비하는 분들에게 귀가 닳도록 강조하지만, 막상 실천하는 사람은 1%도 안 되는 이야기가 있다. 바로 '고정비(월세) 경쟁력'이다.

　예를 들어 보자. 내가 죽도록 발품을 팔아 보증금 2,000만 원에 월세 100만 원짜리 상가를 구해서 창업을 했다. 그런데 그 동네 시세로는 아무리 찾아도 월세 250만~300만 원은 줘야 비슷한 가게를 차릴 수 있다. 이때 '월세 100만 원'이라는 조건 그 자체가 경쟁자가 넘볼 수 없는 강력한 진입장벽이 된다. 경쟁 업체는 나보다 월세와 관리비를 2~3배 더 내야 하므로 가격 경쟁에서 나를 이길 수가 없다. 내가 파격적인 할인이나 이벤트를 할 때, 그들은 손가락만 빨아야 한다. 무리해서 따라오다가는 제풀에 지쳐 문을 닫게 된다.

　애초에 상가를 구할 때 S급 입지를 잡거나, 그보다 못하지만 수요가 확실한 지역이라면 A-, B+급 입지라도 압도적으로 월세가 저렴한 곳을 찾아내라. 그 '저렴함'이 훗날 그 동네에 경쟁자가 들어올 수 없게 만드는 가장 튼튼한 해자가 된다. 돈만 있으면 누구나 차리는 평범한 가게 말고, 남들이 쉽게 흉내 낼 수 없는 구조적

우위를 만들어라.

변수에 강한 인간 기술자

AI 대전환 시대에 온라인 업의 99.9%는 대체될 수 있다. 하지만 AI는 변수가 많은 현장의 기술자나 오프라인 공간의 지주(地主)는 될 수 없다. 도전하기 전에 페인트 도장이나 간단한 인테리어 기술을 배워 둬라. 인건비를 아끼는 것은 물론, 그 기술 자체가 강력한 무기가 된다.

시골 촌놈 33세,
1억 원을 모으자 기적이 시작되었다!

자본주의 게임에 참여할 수 있는 유일한 '입장권'

재테크 상담을 하거나 강연을 할 때, 사회 초년생들이 가장 많이 토로하는 감정은 '막막함'이다. 월급 200만~300만 원을 받아서 언제 부자가 되느냐는 것이다. 서울 아파트 값은 10억 원이 넘어가는데, 내 월급 통장에 찍히는 돈은 200만 원 남짓. 계산기를 아무리 두드려도 답이 안 나오니, 시작도 하기 전에 포기하고 욜로의 길로 빠진다.

그들에게 나는 단호하게 말한다. "일단 딱 1억 원만 모으세요.

죽이 되든 밥이 되든, 눈 딱 감고 1억 원을 모으는 순간 인생의 판이 바뀝니다."

왜 하필 1억 원일까? 그 돈이 부의 종착역이라서가 아니다. 1억 원은 자본주의라는 거대한 게임에 참여할 수 있는 최소한의 '입장권'이기 때문이다.

고통의 임계점 - 0원에서 1,000만 원까지가 가장 지옥이다

내가 고시원에서 9만 원으로 한 달을 버티며 1년에 1,000만 원을 모았을 때, 솔직히 말하면 매일이 지옥 같았다. 먹고 싶은 치킨을 참아야 했고, 친구들의 술자리 유혹을 뿌리쳐야 했으며, 남들이 명품을 살 때 나는 도서관 정수기 물을 마셔야 했다. 가장 힘든 구간은 0원에서 1,000만 원을 모으는 시기다. 이때는 오로지 내 노동력과 시간을 갈아 넣어야만 숫자가 올라간다. 돈이 돈을 버는 속도보다, 내가 땀 흘려 버는 속도가 압도적으로 필요한 시기다.

하지만 놀라운 마법은 그 이후에 일어난다. 내 이야기를 잠깐 하자면, 나는 86년생으로 대학 1년을 휴학하고 군대를 다녀와 26살 크리스마스에 전역했다. 본격적인 사회생활은 2012년, 27살에 시작되었다. 그때부터 정말 악착같이 모았지만, 1억 원이라는 돈을 내 손에 쥐기까지는 꼬박 6년이 걸려 2018년 하반기가 되어서야 가능했다. 그런데 놀라운 것은 그다음이다. 2012년부터 2018년까지 6년 넘게 뼈를 깎아 만든 1억 원이, 2025년 현재는 순자산 기준으로 10배 이상 불어났다. 총자산으로 따지면 그보다 훨씬 더 많다. 그사이 내 삶도 숨 가쁘게 변했다. 1억 원을 모은 직후인 2019년에 결혼을 했고, 2021년에는 첫째 딸을 품에 안았으며, 2026년에는 둘째 딸을 맞이했다.

2012년부터 2018년까지의 시간과, 2018년부터 2025년까지의 시간은 비슷한 길이지만 결과는 천지 차이다. 1억 원을 모으기 전까지는 완만하게 기어가던 그래프가, 1억 원을 기점으로 폭발적인 'J커브'를 그리며 반등한 것이다. 이것이 바로 '스노우볼 효과'다. 1억 원을 모으는 고통의 임계점만 넘으면, 당신의 자산도 나처럼 가속도가 붙을 준비를 마친다.

1억 원이 주는 자존감-'갑'의 횡포가 두렵지 않은 '방패'

내 뒤에 1억 원이라는 든든한 '백'이 생기자 태도가 달라졌다. 클라이언트가 무리한 수정을 요구하거나 갑질을 하려 해도 예전처럼 심장이 쿵쾅거리지 않았다. '정 안 되면 이 계약 안 하고 말지 뭐'라고 생각할 수 있는 여유가 생긴 것이다.

하지만 중요한 건 그다음이다. '안 해도 그만'이라는 배짱이 생겼지만, 나는 오히려 더 최선을 다해 맡은 일을 완수했다. 억지로 참아 가며 하는 비굴한 최선이 아니라, 내 자존심을 지키며 주도적으로 하는 당당한 최선이었다. 이런 마음의 여유가 생기니 눈치를 보며 주눅 드는 대신, 할 말은 하고 소신 있게 제안하며 성과를 낼 수 있었다. 1억 원은 단순한 숫자가 아니다. 타인에게 휘둘리지 않고 내 직업적 소신을 지키며 일하게 만드는 '최소한의 존엄'이자 단단한 '갑옷'이다.

돈보다 더 큰 자산-평생 사라지지 않을 '절약 근육'

사람들은 1억 원이나 10배가 넘는 자산 성장이라는 결과값에만 주목하지만, 진짜 보물은 그 돈을 모으는 과정에서 생긴다. 2012년부터 2018년까지, 그 6년 동안 1억 원을 만들기 위해 처절하게 지출을 통제하고, 가계부를 쓰고, 푼돈을 아꼈던 그 과정에서 내 몸에는 단단한 '절약 근육'이 붙었다.

로또 1등 당첨자가 몇 년 뒤 빈털터리가 되었다는 뉴스를 본 적이 있을 것이다. 그들에겐 큰돈은 있었지만, 그 돈을 담을 '그릇(근육)'이 없었던 것이다. 하지만 뼈를 깎는 노력으로 1억 원을 모아 본 사람은 다르다. 설령 사업이 망하거나 투자에 실패해 다시 0원으로 돌아간다 해도, 나는 절대 좌절하지 않을 자신이 있다. 이미 해 봤기 때문이다. 내 몸에 새겨진 지출 통제 능력과 절약 습관은 그 누구도 뺏어 갈 수 없는 평생의 안전장치가 되어, 나를 다시는 가난의 구렁텅이로 빠지지 않게 지켜 줄 것이다.

1억 원은 끝이 아니라 시작이다

1억 원을 모았다고 해서 당장 부자가 되어 떵떵거리며 사는 건 아니다. 하지만 1억 원이 있으면 선택지가 달라진다. 부동산 투자를 하든, 우량주에 투자를 하든, 의미 있는 수익률을 낼 수 있는 시드머니가 된다. 100만 원으로 10% 수익을 내면 10만 원이지만, 1억 원으로 10% 수익을 내면 1,000만 원이다.

내가 1억 원을 모은 후 결혼과 출산, 그리고 자산 10배 성장이라는 J커브를 그려 낼 수 있었던 것도 바로 이 '입장권'을 획득했기 때문이다. 그러니 부디, 저 멀리 있는 10억, 20억이라는 숫자를 보며 지레 겁먹지 마라. 대신 오늘 당장 1만 원을 아껴라. 그리고 그 1만 원을 모아 죽기 살기로 딱 '1억'까지만 가 보라. 그곳에 도착하면 당신은 알게 될 것이다. 그 1억 원이라는 입장권이 당신을 더 넓고 자유로운 세상으로 안내해 줄 티켓이라는 사실을.

1억이 너무 멀게 느껴진다면
- 월 835,000원의 마법

1억 원 모으기가 힘들다면 1,000만 원부터

2019년, 1억 원을 모으고 결혼을 한 뒤 "와, 1억까지 가는 게 지옥 같았지 그 뒤로는 스노우볼 효과가 장난 아니구나"라는 걸 온몸으로 체험했다. 그 짜릿함을 나누고 싶어서 지난 7년 동안 만나는 후배나 지인들, 그리고 수많은 강연장에서 목이 터져라 외쳤다. "여러분, 일단 1억 원을 모으세요. 그럼 인생이 풀립니다!"

그런데 솔직히 말하자면, 내 이야기를 듣고 실제로 자기 힘으로 1억 원을 모았다고 연락해 온 사람은 가뭄에 콩 나듯 드물었다.

왜일까? 그들의 의지가 약해서가 아니다. 목표가 너무 높았기 때문이다. 당장 월급 250만 원 받는 사회 초년생에게 "1억 원을 모아라"라는 말은, 등산 초보자에게 "장비도 없이 에베레스트에 올라가라"는 말처럼 아득하게만 들렸을 것이다.

그래서 나는 처방을 바꿨다. 에베레스트 정상을 보지 말고, 당장 내 발밑의 계단 하나만 보라고.

"딱 1년만 월 835,000원씩 강제 저축해 보세요."

왜 애매하게 835,000원이냐고? 이 돈을 12개월 동안 모으면 (이자가 0원일 때) 정확히 '1,002만 원'이 되기 때문이다. 다만, 적금에는 이자가 붙는다. 이자소득세 15.4%를 제외하고, 실제 손에 쥐는 돈은 연 3% 기준 10,107,750원, 연 4% 특판을 찾으면 10,203,660원까지도 가능한 금액이다. 1억 원은 멀지만, 매달 적금을 통해 1년에 1,000만 원 만드는 건 해 볼 만하지 않은가?

월 835,000원 × 12개월	=	10,020,000원
연 3% 이자(세후)	→	10,107,750원
연 4% 이자(세후)	→	10,203,660원

여기에서 핵심은 '강제성'과 '삭제'다. 월급이 들어오는 날 835,000원은 내 손을 거치지 않고 즉시 적금 통장으로 빠져나가게 자동이체를 걸어야 한다. 그리고 더 중요한 건, 토스나 은행 앱에서 그 적금 계좌를 '숨김' 처리해서 눈에 안 보이게 없애 버리는 것이다. 내 뇌에서 그 돈의 존재 자체를 지워야 한다.

평생 가는 생존 근육

물론 안다. 한 달 생활비에서 835,000원이 증발하면? 진짜 미치도록 불편하다. 가처분 소득이 확 줄어드니 숨이 턱턱 막히고, 친구들 만나는 횟수도 줄여야 하고, 배달 음식도 끊어야 한다. 막막함이 밀려올 것이다. 하지만 장담하건대 사람은 적응의 동물이다. 그 돈이 없어도 어떻게든 살아진다. 죽지 않는다. 오히려 그 부족함 속에서 불필요한 지출을 칼같이 잘라 내는 '지출 통제 능력'과, 없으면 없는 대로 버티는 '생존 근육'이 단단하게 붙는다.

그렇게 이 악물고 1년을 버텨 1,000만 원이라는 목돈을 손에 쥐어 봐라. 그 성취감은 말로 다 할 수 없다. "어라? 나도 하니까 되네?" 이 작은 성공의 경험이 당신을 완전히 다른 사람으로 만들 것이다. 2년 차에는 자신감이 붙어 저축액을 늘리거나, 혹은 1년 동안 공부해서 알게 된 미국 S&P500이나 나스닥 100 같은 우량지수 ETF에 그 돈을 적립식으로 넣게 될 것이다.

투자를 시작해도 멘탈이 흔들리지 않는다. 왜냐? 이미 지난 1년 동안 835,000원 없이 사는 훈련을 지독하게 했기 때문이다. 시장이 출렁거려도 "어차피 없는 셈 치고 살았던 돈인데 뭐"라며 버틸 수 있는 내공이 생긴다. 그렇게 1,000만 원을 모아 본 사람만이 그 돈을 굴리고 불려서 1억 원까지 갈 수 있는 것이다.

그런데 안타까운 건, 이 작은 출발조차 시도하지 않는 사람이 태반이라는 사실이다. 솔직히 말해 나보다 훨씬 힘든 환경, 더 가난한 과거를 지닌 사람들도 많다. 그들의 아픔을 폄하할 생각은 추호도 없다. 하지만 지독히도 가난했던 20대 시절, 함께 꿈을 꾸다가 너무 힘든 날엔 세상 탓, 환경 탓, 부모 탓을 했던 선배들 중 대다수는 그때 월 835,000원 강제 저축을 하지 않았다. 오히려 "왜 그렇게 독하게 모으느냐?"고 "어차피 그래 봤자 인생 안 바뀐다"고 잔소리를 했다. 그리고 세월이 한참 지난 지금도 여전히 그들은 세상 탓을 하며 누군가를 욕하고 있다.

이건 단순히 비판하려고 시작한 이야기가 아니다. 내가 하고 싶은 말은 1억 원은커녕 1년에 1,000만 원을 모으는 아주 작은 시도와 노력조차 하지 않은 채, 세상이 불공평하다고 탓만 하며 사는 건 그리 유쾌한 태도는 아니지 않을까?

그러니 제발 핑계는 집어치우고 딱 1년만 해 보자. 목표를 너무 높게 잡지 말고 월 835,000원 강제 저축이면 된다. 이 돈이 당신의 인생을 구원할 동아줄이다. 이걸 반복하든, 미국 우량지수 ETF 투자의 힘을 빌려 시간을 단축하든, 일단 시작해서 1년간 1,000만 원만 모아 보면 선택지가 넓어진다. 1억 원으로 가는 길이 드디어 보이기 시작한다. 정말 인생이 달라진다. 내가 그랬다.

1년 1,000만 원 모으기 챌린지

회차	강제 저축 금액	자동 이체 완료 (체크 표시 하세요)	생존 근육 한줄평 따라 쓰기 (나에게 쓰는 격려)
1월	835,000원		시작이 반! 1년 자동이체를 신청하면 기적이 시작됩니다.
2월	835,000원		불편함은 적응의 과정입니다. 잘하고 있어요.
3월	835,000원		지출 통제 능력이 생기기 시작하는 시기입니다.
4월	835,000원		벌써 334만 원 돌파! 눈덩이가 뭉쳐지고 있습니다.
5월	835,000원		배달 음식 대신 집밥, 나를 위한 진짜 투자입니다.
6월	835,000원		[반환점] 500만 원이 넘었습니다. 절반의 성공!
7월	835,000원		세상 탓 대신 내 통장 숫자를 믿으세요.
8월	835,000원		이제 835,000원 없는 삶이 익숙해졌을 거예요.
9월	835,000원		흔들리지 않는 멘탈, 생존 근육이 단단해졌습니다.
10월	835,000원		정상이 보입니다. 조금만 더 힘내세요!
11월	835,000원		마지막 고비입니다. 1년 전의 나를 떠올려 보세요.
12월	835,000원		[완주] 축하합니다! 당신은 이제 1억 원을 모을 사람입니다.

은행의 주인이 될 것인가,
호갱이 될 것인가

자본주의 시스템 해킹과 현금흐름의 본질

은행은 우리에게 이자를 주며 좋은 일을 하는 곳 같지만, 실상은 아주 적은 돈(예금 이자)을 사용료로 내면서 우리의 엄청난 목돈을 가져가는 곳이다. 아이러니한 풍경이 있다. 평범한 사람들은 은행에 내 소중한 돈을 맡기면서 창구 직원에게 "감사합니다"라고 인사한다. 반면, 진짜 자산가들은 굉장히 적은 대출 이자를 내면서 은행의 거대 자금을 수십억씩 빌려 간다. 이때는 오히려 은행 지점장이 나와서 "감사합니다"라며 고개를 숙인다.

이것이 '예대마진(예금과 대출의 금리 차이)'의 비밀이자 자본주의의 작동 원리다. 은행은 우리에게 푼돈을 주고 빌린 돈을, 기업이나 자산가에게 비싸게 빌려주며 이득을 취한다. 그렇다면 우리는 어느 포지션에 서야 할까? 내 목돈을 맡기고 쥐꼬리만 한 이자를 받는 '호갱'이 될 것인가, 아니면 적은 비용을 지불하고 은행의 거대 자금을 이용하는 '주인'이 될 것인가.

경제적 자유를 얻기 위해선 반드시 후자가 되어야 한다. 은행 돈을 내 사업과 투자의 '레버리지(지렛대)'로 활용해야 인생이 계단식으로 성장한다. 5년간 수많은 자산가를 만났지만, 자기 돈만으로 부자가 된 사람은 단 한 명도 없었다. 그들은 모두 은행의 돈을 영리하게 이용했다.

은행을 이용하는 자가 되기 위한 조건은 두 가지다.

첫째, 신용 점수 관리. 평소에 신용을 목숨처럼 관리해야 결정적인 순간에 싼 이자로 돈을 빌릴 수 있다.

둘째, 현금흐름(Cash Flow). 부업으로라도 사업자 등록을 하고 꾸준히 현금이 들어오는 시스템을 만들어야 한다. 은행은 '미래에 돈을 갚을 능력(현금흐름)'이 증명된 사람에게 돈을 빌려준다.

여기에 경매와 공매 기술을 더하면 금상첨화다. 평소 관리한 신용과 사업체의 현금흐름을 바탕으로 은행 돈을 빌려 시세보다 싸게 나온 부동산을 낙찰받는 것, 이것이야말로 자본이 적은 사람이 자본주의 시스템을 '해킹'하여 자산을 불리는 가장 확실한 방법이다.

물론 은행이 만능은 아니다. 모든 고객이 돈을 인출해 가면 은행도 망한다. 그게 바로 뱅크런인데, 그래서 우리는 항상 경제 뉴스에 안테나를 세우고 공부해야 한다. 그리고 무엇보다 중요한 건 아무리 강조해도 지나치지 않을 '현금흐름'이다. 오죽하면 내가 문 메달 AI부동산 현금흐름연구소까지 만들었겠나. 지난 5년 동안 유튜브에서 '부업'이라는 키워드로 그토록 강조했던 것의 진짜 본질은 바로 이 현금흐름이었다. 자산만 있고 현금이 돌지 않으면 흑자 부도가 난다. 하지만 튼튼한 현금흐름이 있으면 은행의 레버리지를 일으킬 수 있고, 위기가 와도 버틸 수 있다. 경제 위기는 생각보다 다양한 형태의 변수로 온다. 시장 앞에 겸손하고, 매일 배워야 한다.

자산가들이 이미 그렇게 살고 있는데 우리는 왜 다르게 살려고 하는가? 진짜 삶을 바꾸고 싶다면 단순히 돈을 모으는 것을 넘어 자본주의 시스템을 철저히 이해하고 그것을 이용하는 '플레이어'가 되어야 한다.

낭만적 퇴사의 함정
– 대한민국엔 세컨드 찬스가 없다

보수적인 리스크 헤지가 당신의 도전을 지킨다

불과 10년 전만 해도 '퇴사 후 세계일주'가 유행이던 시절이 있었다. 여행에서 돌아와 감성적인 여행 에세이를 내고, 꽃집이나 칵테일 바, 카페를 창업하는 것이 낭만적인 삶의 표본처럼 여겨졌다. 하지만 냉정하게 주위를 둘러보자. 그때 그 낭만을 좇아 회사를 뛰쳐나갔던 사람 중 지금까지 살아남은 사람은 극소수다. 대부분은 자본금을 까먹고 다시 원치 않는 일터로 돌아갔거나 빚더미에 앉았다.

나는 단호하게 말한다. '낭만'이라는 이름의 순간적인 충동으로 인생에 무리수를 두지 마라. 여행이 가고 싶으면 퇴사가 아니라 연월차를 잘 활용해서 다녀오면 된다. 창업이 하고 싶으면 사표부터 던질 게 아니라, 퇴근 후 부업으로 작게 시작해서 가능성을 검증해야 한다. 리스크를 충분히 줄이면서도 현금흐름을 늘리는 방법은 얼마든지 있다. 나는 지난 5년 동안 유튜브 채널을 통해 이 메시지를 줄기차게 전해 왔다.

대한민국은 슬프게도 패자부활전, 즉 '세컨드 찬스(Second Chance)'를 쉽게 주지 않는 나라다. 한 번 미끄러지면 다시 궤도에 오르기까지 너무나 큰 비용과 고통이 따른다. 그러므로 삶의 계획을 세울 때는 다소 겁쟁이처럼 보일지언정, 최대한 보수적으로 리스크를 헤지해야 한다. "이 도전이 실패했을 때 내 인생을 감당할 수 있는가?"를 먼저 계산해야 한다. 전략적으로 시도하고, 안전하게 실패해야 한다. 그래야 설령 지금 실패하더라도 무너지지 않고 다음에 다시 도전할 기회가 생긴다.

투자의 원칙
– 달러, K-올웨더 그리고 똘똘한 한 채

흔들리지 않는 편안함, 원화와 달러의 밸런스

돈을 모으고(방어), 더 벌었다면(공격), 이제는 '굴려야(투자)' 한다. 내 투자의 철칙은 '잃지 않는 것'이다.

첫째, 금융 자산은 미국 ETF로 모아라. 개별 주식(삼성전자, 테슬라)은 변동성이 너무 크다. 본업이 있는 우리가 매일 차트를 볼 수는 없다. 나는 미국 S&P500이나 나스닥 100 지수를 추종하는 ETF를 추천한다. 전 세계 1등 기업 500개, 100개에 분산 투자하는 효과가 있다. 미국 기업들은 주주 환원(배당, 자사주 매입)에 적극적이고, 무엇보다 '달러 자산'이다. 한국 경제가 휘청거릴 때 원화 가치는 떨어지지만 달러 가치는 오르기 때문에 내 자산을 방어해 주는(환 헤지) 최고의 안전판이 된다. 미국 시장에 달러로 환전해서 직투하는 것과 한국 시장에서 미국 지수를 추종하는 ETF를 원화로 투자하는 것 중 여러 증권사의 ETF의 수수료 등을 비교해 보고, 나에게 가장 맞는 것으로 하면 된다. 중요한 것은 꾸준함이다.

둘째, 한국형 올웨더(All-Weather) 전략을 짜라. 주식(공격수)만 가지지 말고, 채권(수비수), 금(골키퍼), 현금(예비 전력)을 적절히 섞어라. 경기가 좋든 나쁘든 꾸준히 수익을 내는 구조를 만드는 것이다. 하나에 올인하는 것이 운대가 맞다면 당연히 수익률이 가장 좋다. 그러나 시장은 생물이고, 하루아침에 냉정하게 변할 수 있다. 나는 하락장을 경험하지 못하거나, 제대로 물려 본 적 없는 사람을 신뢰하지 않는다. 자산 배분은 폼 떨어지는 사람이 하는 것이 아니다. 시장이 얼마나 이해하지 못하는 변수로 가득한 곳인지를 철저히 알기 때문에 2순위, 3순위의 대응책을 미리 만들어서 리스크를 헤지해 놓는 것이다.

셋째, 실거주 부동산 1채는 필수다. 무주택 포지션은 2030 때는 자본의 부족으로 어쩔 수 없이 가져야 하는 경우가 많다. 누군들 돈이 있고 여유가 있는데 무주택을 하고 싶겠나. 그런데 그것들을 유주택자와 무주택자가 서로 놀리고 온라인에서 비난하는 데만 쓰는 것은 시간 낭비다. 경제적 관점에서 무주택은 숏포지션이다. 하락에 베팅할 수밖에 없는 입장인 것이다. 반면에 1주택자도 실거주라면 중립 포지션에 가깝다. 인플레이션으로 인해 집값이 오른다고 한들, 갈아타기 할 부동산은 더 올라 있다. 2주택자 이상은 롱포지션이지만 세금 구조상 앞으로는 하기 어렵게 해 놨다.

나는 다주택자를 찬양하거나, 무주택자를 비난하고 싶지 않다. 다만 사는 게 바빠서 경제 지식을 쌓는 데 어려움이 있었던 분들이 가장 쉽게 인플레이션을 방어할 수 있는 강력한 실물 자산이 바로 부동산이다. 그중에서도 복잡하지 않게 세팅할 수 있는 게 1주택인데, 보통은 30대 남녀가 만나서 결혼할 때 신혼집으로 세팅하는 게 가장 좋긴 하다. 그때가 아니더라도 청약, 급매, 경매 등 공부할 수 있는 모든 방법을 동원해 감당 가능한 대출 범위 내에서 서울·수도권의 '거래량이 많은 1채'를 마련하라.

그런데 왜 꼭 거래량이 많은 것이어야 할까. 내가 거주하고 싶은 최종 집이 아닌 이상, 결국 언젠가는 팔아야 한다. 다만, 부동산은 팔고 싶을 때 팔기가 쉽지 않은 단점이 있다. '아실' 사이트(asil. kr)에 들어가 보면 내가 가고 싶은 지역에 거래량으로 검색하기 쉽게 되어 있는데, 거래량이 많다는 것은 팔고 싶을 때 팔 수 있다는 것의 이음동의어라고 봐도 무방하다. 보통 거래량이 많은 곳들은 대단지, 초등학교 근처, 역 근처인 경우가 많기에, 그리고 시장에서 실제로 일어난 거래의 총합이기에, 다른 것은 안 보더라도 집을 매수하려고 할 때는 꼭 거래량을 체크하라. 아예 평생을 무주택 포지션에 있다가, 집을 마련하려고 하면 주변에서 엄청나게 많은 사람들이 한 소리씩 할 것이다. 그때는 '집값이 떨어져도 내가 깔고 앉아 살면 그만이다'라는 마음으로 아실에 들어가서 거래량을 체크하라. 해당 지역에서 거래량 1위 집이라면, 적어도 팔고 싶을 때 못 팔 염려는 없다.

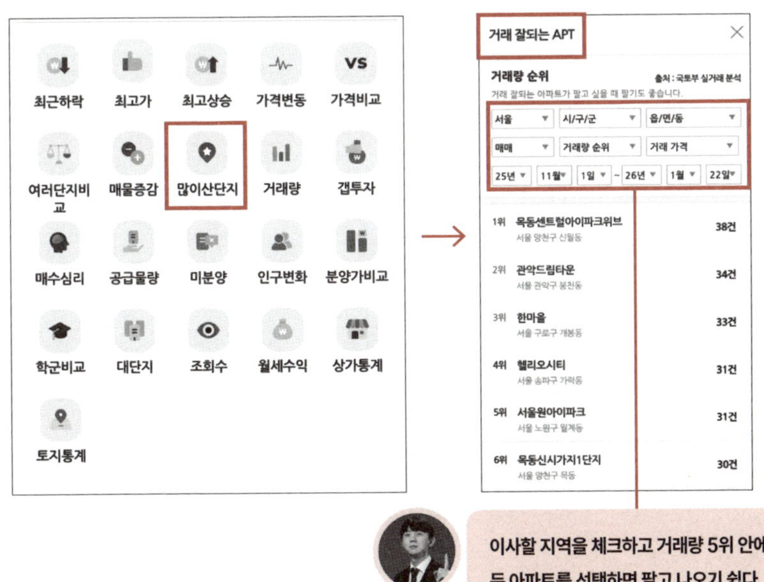

인플레이션과 주택 공급은 쉬운 문제가 아니기에, 목돈이 생겼고 주택담보 대출을 활용할 경제 상식이 생겼다면 내 집을 꼭 마련하기를 바란다. 그렇지 않을 경우, 전세금 인상과 월세 상승 부담에 평생 시달릴 가능성이 높다. 전략적으로 다른 자산에서의 투자 성과가 너무 좋아서 내 집에 목돈을 깔아 두기가 싫은 사람이라면 인정하지만, 그런 케이스는 0.0001% 미만의 특수한 경우라고 볼 수 있다.

작은 부자가 되는
로드맵

큰 부자는 운이 따라야 한다. 하지만 작은 부자는 성실과 노력으로 얼마든지 도달 가능하다. 다음은 2030 사회 초년생들을 위한 작은 부자가 되는 4단계 로드맵이다.

1. **시드머니**: 월급의 50% 이상을 저축하고 미국 ETF(S&P500)를 적립식으로 모은다. (목표: 1억 원)

2. **내 집 마련**: 모은 돈과 대출을 활용해 수도권의 거래량 많은 실거주 1채를 등기 친다. 단, 내가 사는 지역이 인구가 줄고

있다면 내 지역에서는 저렴한 월세 등으로 주거비를 최소화하고, 되도록 인구가 증가하는 수도권 비규제지역에 미리 소유권을 확보해 놓기를 바란다. 인플레이션 헤지를 가장 쉽게 할 수 있는 길이다.

3. **현금흐름 파이프라인 확장**: 남는 시간에 뾰족한 부업에 꾸준히 도전해서, 3년 안에 월 100만 원의 추가 현금흐름을 만든다.

4. **자산 재배치**: 늘어난 소득(현금흐름)으로 미국 ETF 비중을 늘리고, 기회가 된다면 경매와 공매를 배워서 가치 대비 유찰이 많이 된 상업용 부동산을 낙찰받아 문제를 해결하고, 우량한 월세 수익을 만든다.

이 과정은 정말 지루하고 힘들다. 무엇보다 주변에서 해당 노력에 동의하면서 응원해 주는 사람도 쉽게 만나기 힘들다. 아마 한동안은 몹시 고독할 거다. 정상은 너무나 멀고, 지금 일단 사는 게 만만하지 않고, 오르막길이 가파르니 내내 한숨이 나올 거다. 하지만 10년만 버티면 진짜 인생의 궤적이 바뀐다. 나는 세계적인 대단한 경제 전문가도, 아무거나 찍어도 다 맞추는 투자의 귀재도 아니다. 그저 삶의 벼랑 끝에서 생존하기 위해 발버둥 치다 보니 어떤 경제적 환경에서도 살아남을 수 있는 생존 원칙들을 몸으로 부딪치며 깨닫게 되었을 뿐이다.

내가 걸어온 길이 유일한 정답은 아닐지도 모른다. 하지만 나처럼 가진 것 없던 사람도 포기하지 않고, 어제보다 오늘 더 나아지려고 조금씩 실행했을 때, 삶이 시나브로 바뀔 수 있다는 사실만큼은 진실이다. 부디 이 투박한 조언들이 당신의 삶을 지키는 작은 방패가 되기를, 그리고 당신만의 속도로 진정한 자유를 향해 나아가는 데 조금이나마 보탬이 되기를 진심으로 바란다.

절약왕
정약용의

목돈
심서

부록

1,000만 원 더 빨리 모으는 K부업 3선

ft. 한국인이라는 이유만으로 돈을 버는 달러 파이프라인

대한민국은 지금
'K-프리미엄'의 시대다

현재, 우리는 단군 이래 우리 문화가 가장 비싸게 팔리는 시대를 살고 있다. 불과 10년 전만 해도 외국에 나가 "Do you know Kimchi?"를 물어야 했지만, 지금은 그들이 먼저 우리에게 한국어로 말을 걸어온다. BTS와 블랙핑크가 닦아 놓은 길 위로 〈오징어 게임〉, 〈기생충〉이 질주했고, 이제는 한국의 라면(불닭볶음면), 김밥, 심지어 한국인의 '일하는 방식'까지도 글로벌 스탠더드가 되고 있다.

나는 앞서 본문에서 '현금흐름의 다각화'를 강조했다. 원화 채굴(국내 소득)에만 의존하는 것은 리스크가 크다. 환율이 요동칠 때 내 자산을 방어할 '달러(Dollar) 파이프라인'이 반드시 필요하다.

"영어를 못하는데 어떻게 달러를 법니까?"

이런 핑계는 이제 통하지 않는다. AI 번역 기술의 발전, 그리고 폭발적인 한국어 수요 덕분에 '한국어 원어민'이라는 스펙 하나만 으로도 자본금 0원으로 집에서 달러를 벌 수 있는 길이 활짝 열렸 기 때문이다.

이 부록에서는 당신의 노트북 혹은 컴퓨터 하나로 시작할 수 있는 가장 현실적이고 검증된 글로벌 부업 3가지를 소개한다. 단 순히 "이런 게 있다"가 아니다. 당장 오늘 저녁에 가입하고 시작할 수 있도록 '실전 가입 및 활동 매뉴얼' 형태로 정리했다. 이 페이지 를 펴 놓고, 하나씩 따라 하기만 하면 된다.

필수 준비물은 잠자는 동안 달러를 담아 줄 '디지털 지갑'

전쟁터에 나가려면 총이 필요하듯, 글로벌 시장에서 돈을 벌 려면 달러를 받을 '지갑'이 필요하다. 안타깝게도 외국 플랫폼들은 우리의 국민은행, 신한은행 계좌로 바로 돈을 쏴 주지 않는다. 송 금 수수료가 비싸고 절차가 복잡하기 때문이다.

그래서 우리는 전 세계 어디서든 통용되는 가상 계좌를 만들어야 한다. 가장 대표적인 곳이 페이오니아(Payoneer)와 페이팔(PayPal)이다. 이 두 가지만 있으면 지구상에 존재하는 거의 모든 부업 사이트에서 돈을 받을 수 있다.

겁먹지 마라. 영어로 되어 있다고 당황할 필요 없다. 다음의 순서대로 딱 한 번만 세팅해 두면, 평생 당신의 '달러 파이프라인'을 지켜 줄 금고가 된다.

미국 가상 은행 계좌
페이오니아(Payoneer) 가입하기

페이오니아(Payoneer)는 크라우드젠, 파이버, 아마존 등 굵직한 글로벌 기업들이 가장 선호하는 정산 수단이다. 가입하면 미국, 영국, 유럽 등 현지 은행 계좌 정보를 무료로 발급해 준다.

페이오니아 메인 화면. 페이오니아 가입 화면은 수시로 업데이트된다. 핵심은 '영어 입력'과 '정보의 정확성'이므로 주의하자.

 공식 홈페이지 접속 및 시작

먼저 페이오니아 한국 공식 홈페이지(payoneer.com/ko)에 접속한다. 첫 화면에 있는 '가입하기' 버튼을 클릭한다.

 비즈니스 유형 선택

우리는 거창한 회사가 아니라 개인 자격으로 부업을 하는 것이다. 따라서 아래와 같이 선택한다.

- **비즈니스 유형**: '개인' 선택, 월 평균 수입 선택
- **목적**: '해외 대금 수취(온라인 마켓플레이스, B2B거래처, 소셜미디어 등)' 선택

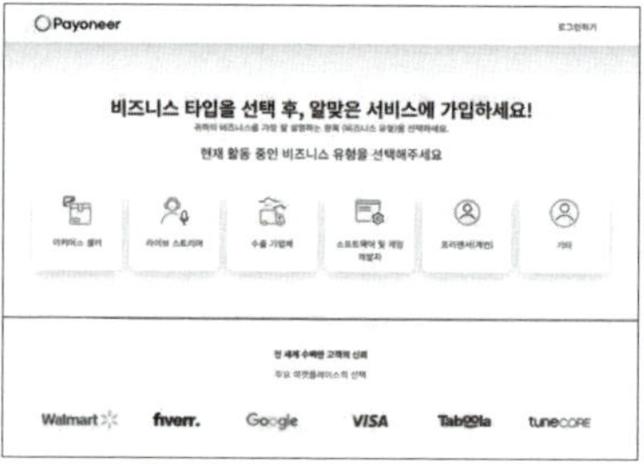

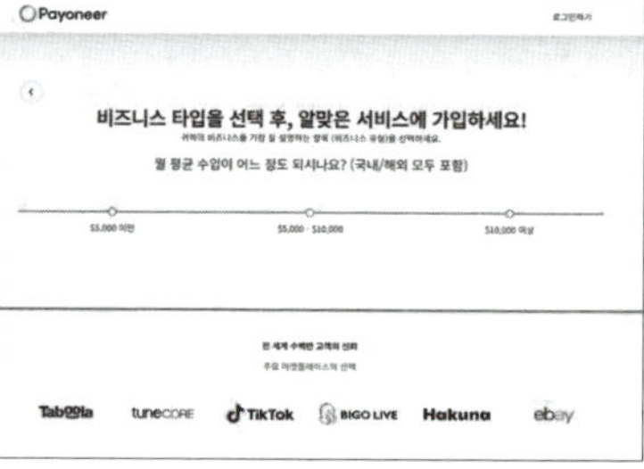

여기서부터 중요하다. 모든 정보는 '영어'로 입력해야 한다. 그리고 반드시 '여권'에 적힌 영문 이름과 철자와 띄어쓰기 하나 틀리지 않고 똑같이 적어야 한다. 나중에 신분증 인증할 때 다르면 거절당한다.

- **이름(First Name)**: (예: Gil Dong)
- **성(Last Name)**: (예: Hong)
- **이메일 주소**: 로그인 아이디로 쓰이니 자주 쓰는 걸로 입력
- **생년월일**: 여권과 동일하게 입력

4단계 연락처 정보(영문 주소 변환)

주소 역시 영어로 적어야 한다. 어렵지 않다. 네이버 검색창에 '영문 주소 변환'을 검색하고 우리 집 주소를 치면 알아서 영어로 바꿔 준다.

- **국가**: South Korea
- **주소 1**: 번지수, 도로명 주소(예: 123, Teheran-ro, Gangnam-gu)
- **주소 2**: 동, 호수(예: #101-202, Mapo Apt)

- **시/도**: City 이름(예: Seoul)
- **우편번호**: 5자리 숫자 입력
- **휴대전화**: '010'에서 맨 앞 '0'을 뺀 나머지 입력(예: 10-1234-5678) → '코드 전송' 눌러서 문자 인증 수행

5단계 보안 정보 설정

비밀번호를 설정하고, 비밀번호 분실 시 질문/답변을 설정한다.

- **ID 카드 정보**: '여권(Passport)' 혹은 '운전면허증'을 선택하고 번호를 입력한다. (여권 추천)
- **이름(현지 언어)**: 여기는 '한글'로 이름을 적는다. (예: 홍길동)

6단계 출금 계좌 연결(한국 내 은행)

나중에 달러를 원화로 환전해서 받을 한국 통장을 연결하는 단계다.

- **은행 국가**: South Korea / 통화: KRW
- **은행 이름**: (예: Kookmin Bank, Shinhan Bank 등 목록에서 선택)

- **계좌 이름**: 한글로 예금주 입력

- **계좌 번호**: 하이픈(-) 없이 숫자만 입력

- **신분증 번호**: 주민등록번호 뒷자리가 아닌, 전체 번호 혹은 생년월일 등 요구하는 대로 입력

- **SWIFT 코드**: 은행을 선택하면 자동으로 입력된다. 또는 네이버에 'ㅇㅇ은행 스위프트 코드' 검색해서 입력.

7단계 검토 및 승인

신청이 완료되었다. 보통 영업일 기준 1~3일 내에 승인 이메일이 온다. 승인 메일을 받으면 이제 당신은 미국에 계좌가 생긴 것이다!

2

글로벌 결제의 표준
페이팔(PayPal) 가입하기

페이오니아가 '월급 통장' 느낌이라면, 페이팔은 좀 더 범용적인 '체크카드' 느낌이다. 해외 직구 할 때도 쓰고, 소액 부업 수익을 받을 때도 쓴다.

페이팔 공식 홈페이지(paypal.com/kr)에 접속한다. 우측 상단 '가입하기'를 클릭.

계정 유형을 선택하는 화면이 뜰 것이다. 다음과 같이 두 가지 옵션이 나온다.

- **PayPal로 결제하기**(개인): 구매 및 단순 송금 수취용
- **PayPal로 결제받기**(비즈니스): 본격적인 판매용
- **정약용의 Tip**: 단순히 부업 수익을 인출하는 용도라면 '개인'으로 시작해도 충분하다. 나중에 거래량이 늘어나면 '비즈니스'로 업그레이드할 수 있다. '시작하기' 클릭.

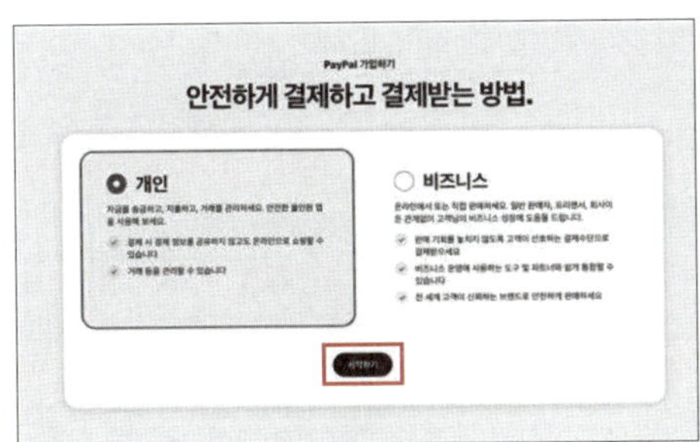

175

3단계 휴대폰 번호 인증

한국 휴대폰 번호를 입력하고 인증 문자를 받아 입력한다.

4단계 프로필 정보 입력

- **이메일 주소**: 페이팔은 계좌번호 대신 '이메일 주소'가 곧 계좌번호 역할을 한다. 부업용으로 쓸 안전한 이메일을 입력하자.
- **이름/성**: 여권과 동일한 영문으로 입력
- **비밀번호**: 강력하게 설정

5단계 주소 입력

페이오니아와 마찬가지로 영문 주소를 입력한다. (네이버 영문 주소 변환 활용)

6단계 카드 및 은행 연결(핵심)

가입은 끝났지만, 돈을 찾으려면 2가지를 연결해야 한다.

❶ 신용/체크카드 연결

해외 결제가 가능한(Master, Visa 등) 카드를 등록한다. 나중에 해외 사이트 결제 시 사용된다.

❷ 은행 계좌 연결(돈 찾기용)

- 상단 메뉴 '전자지갑' → '은행 연결' 클릭
- 본인 명의의 국내 은행 정보 입력
- **중요**: 은행 이름은 영어로, 계좌번호는 숫자만 입력. 주민등록증 등 본인 확인 절차가 추가될 수 있다.

7단계 페이팔 코리아 본인 인증

한국 사용자는 국내법에 따라 추가 인증이 필요할 수 있다. 안내에 따라 휴대폰 본인 확인을 진행하면 모든 빗장이 풀린다.

페이오니아, 페이팔 둘 다 있어야 하나?

돈 안 드는 페이팔 먼저 만드는 것 추천

페이팔 먼저 만드는 걸 추천한다. 플랫폼마다 선호하는 게 다르다. 예를 들어 파이버 (Fiverr)는 페이오니아로 인출하면 수수료가 더 저렴하고, 크라우드젠(CrowdGen)은 페이오니아를 필수로 요구한다. 반면 소규모 디자인 판매 사이트는 페이팔만 지원하기도 한다.

어차피 계좌 유지비는 '0원'이다. 페이팔은 실제로 0원이다. 그리고 페이오니아는 최근 12개월 동안 페이오니아 계좌로 받은 금액이 2,000달러 미만이면 연간 29.95달러의 계좌 유지비가 부과되지만, 가입 후 12개월 동안은 유예 기준을 준다. 페이오니아가 가능한 해외 플랫폼에서 1년에 2,000달러 이상 벌면 수수료는 면제된다. 다만, 페이팔이 범용성은 더 크니 우선 돈이 안 드는 페이팔부터 만드는 걸 권장한다.

주말에 날 잡고 딱 30분만 투자해서 만들어 두자. 나중에 프로젝트 합격하고 나서 계좌 만드느라 허둥지둥하면 늦는다. 이제 '돈 담을 그릇'은 준비되었다. 본격적으로 달러를 채우러 가 보자.

한국어 수다 떨어 주고 월 150만 원? 이게 된다!

| 한국어 튜터(K-Tutor) 실전 공략집 |

시장분석 왜 지금이 '단군 이래' 한국어를 가장 비싸게 팔 수 있는 시기인가?

"영어도 못하는데 외국인을 가르친다고요?"

아직도 이런 고정관념에 갇혀 있다면, 당신은 지금 발밑에 흐르는 '오일머니' 아니 'K-머니'를 걷어차고 있는 것이다. 냉정하게 시장의 수요와 공급 법칙을 보자.

❶ 폭발하는 수요

통계는 거짓말을 하지 않는다. 한국어능력시험(TOPIK) 지원자 수는 2020년 21만 명에서 2024년 42만 명으로 4년 만에 2배가 폭

증했다. 아시아권은 기본이고, 남미와 유럽, 중동에서도 "BTS 오빠들이 하는 말을 알아듣고 싶어서", "K-드라마를 자막 없이 보고 싶어서" 한국어를 배우려는 사람들이 줄을 섰다. 2026년 현재, 넷플릭스와 유튜브가 존재하는 한 이 수요는 절대 줄어들지 않는다.

❷ 부족한 공급

반면, 한국의 인구 구조는 어떤가? 생산연령인구는 매년 급감하고 있다. 이는 곧 전 세계적으로 '표준어를 구사할 줄 아는 한국인 네이티브' 자체가 희소성 있는 자원이 되었다는 뜻이다.

❸ 자격증의 무용론

대학 교수가 될 게 아니라면 '한국어 교원 자격증'은 필수가 아니다. 원어민 화상 영어를 할 때 문법 학자가 아니라 '말이 통하는 원어민 친구'를 원하듯이, 그들도 당신에게서 '살아 있는 한국어'를 원한다. 당신이 한국어로 수다를 떨 수 있다면, 자격은 이미 충분하다.

1단계 내 구역 정하기: 플랫폼별 특징 및 수수료 완전 정복

전 세계에는 수십 개의 언어 교환 플랫폼이 있다. 다 할 필요는 없고 그중 내 성향에 맞는 곳을 골라 '깃발'을 꽂으면 된다. 2026년 기준, 가장 수익화가 확실한 메이저 플랫폼 5곳을 해부한다.

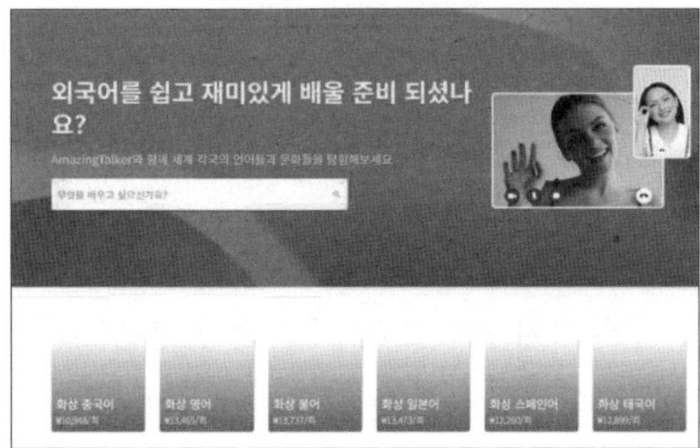

1 | 프레플리 (Preply): 가장 거대한 시장, 무조건 시도하라

- **특징**: 전 세계 1위 규모다. 학생 유입량이 압도적이다. 미국, 유럽권 학생이 많아 시차를 이용해 밤늦게나 새벽에 부업으로 하기 좋다.

- **수수료 구조**: 초기 진입장벽이 있다. 첫 수업료는 플랫폼이 100% 가져가고(매칭 수수료 명목), 이후 수업부터는 누적 시간에 따라 수수료 33%에서 시작해 18%까지 낮아진다.

- **공략법**: 수수료가 세지만, 물량(학생 수)으로 승부하는 곳이다. '박리다매' 전략으로 초반에 학생을 쓸어 담기에 가장 좋다.

2 | 아이토키 (iTalki): 근본 있는 플랫폼, 안정성을 원한다면 여기

- 특징: '전문 강사(자격증 ○)'와 '커뮤니티 튜터(자격증 ×)'로 명확히 나뉜다. 우리는 '커뮤니티 튜터'로 지원하면 된다.

- **수수료 구조**: 심플하다. 수업료의 15%만 뗀다.

- **공략법**: 튜터 등록 기간이 열릴 때가 있고 닫힐 때가 있다. 수시로 사이트를 체크해야 한다. 프레플리보다 튜터 대우가 좋은 편이다.

3 | 어메이징토커 (AmazingTalker): 영업이 싫다면 이곳으로

- **특징**: 대만, 홍콩 등 중화권 기반이다. 가장 큰 특징은 'AI 매칭'이다. 학생이 조건을 입력하면 AI가 나를 추천해 준다. 내

가 일일이 영업하지 않아도 매칭될 확률이 높다.

- **공략법**: 아시아권이라 시차가 거의 없기 때문에 퇴근 후 저녁 시간에 수업하기 딱 좋다. 단, 수업 단가는 서구권보다 조금 낮을 수 있다.

4 | 카페토크 (Cafetalk) : 일본어를 조금이라도 한다면 무조건 여기

- **특징**: 수강생의 90% 이상이 일본인이다. 한국 문화에 대한 충성도가 가장 높고, 매너가 좋으며, 한 번 맺은 인연을 오래 가져간다. 장기 수강생 비율 높다.
- **공략법**: 일본어로 기본적인 소통이 가능하다면, 다른 플랫폼보다 1.5배 비싸게 수업료를 받아도 팔린다. '한국 드라마 대본 읽기' 같은 감성적인 수업이 잘 먹힌다.

5 | 튜토루(Tutoroo) & 라이브링구아(Live Lingua)

- **특징**: 오프라인 연계 혹은 특정 언어권 특화 신생 플랫폼들이다.
- **공략법**: 메이저(프레플리)에서 경쟁에 밀린다면, 이런 틈새시장을 노려 '용의 꼬리보다 뱀의 머리'가 되는 전략도 유효하다.

튜터 등록의 첫 관문이자 가장 중요한 단계다. 외국인들은 당신의 '얼굴'과 '소개 글'만 보고 지갑을 연다.

❶ 닉네임과 헤드라인(Hook)

단순히 'Native Korean Tutor'라고 쓰면 100% 망한다. 수천 명의 튜터 속에 묻힌다. '구체적인 혜택'을 넣는 게 중요하다.

- **나쁜 예**

  안녕하세요, 한국어 튜터 김철수입니다.

  vs

- **좋은 예**

  K-팝 가사 해석 전문! 아미(ARMY)를 위한 맞춤형 한국어 수업

  비즈니스 한국어 전문! 한국 회사 이메일 작성 & 면접 100% 완벽 대비

  초보자 환영! 영어 못해도 OK, 그림과 드라마로 배우는 생존 한국어

---

❷ 자기소개 본문(Template)

영어를 못한다고? 파파고나 딥엘(DeepL)을 켜라. 그리고 다음의 구조대로 한글로 쓰고 번역해라.

> **1. 인사 & 공감**: "한국어 배우기 어렵죠? 특히 존댓말 때문에 힘들죠? 저도 외국어를 배워 봐서 그 마음 알아요." (공감대 형성)
>
> **2. 내 수업의 특징(Why Me?)**: "제 수업에서는 지루한 문법책 안 봅니다. 최신 K-드라마 대사나 유튜브 댓글로 진짜 한국인이 쓰는 말을 알려 드려요."
>
> **3. 수업 방식**: "틀리는 걸 두려워 마세요. 당신이 개떡같이 말해도 저는 찰떡같이 알아듣고, 채팅창에 올바른 문장을 써 드릴 거예요." (심리적 안정감 제공)
>
> **4. 마무리(Call to Action)**: "지금 시범 수업(Trial Lesson)을 예약하고 저와 친구가 되어 보세요!"

❸ 프로필 사진

증명사진 쓰지 마라. 딱딱해 보인다. 카페에서 자연광을 받으며 웃고 있는 사진, 혹은 여행지에서 찍은 밝은 사진이 훨씬 '클릭률'이 높다. 단, 얼굴은 선명해야 한다.

3단계 1분 자기소개 영상(대본 제공)

가장 큰 진입장벽인 동영상 촬영. 휴대폰 셀카 모드로 찍으면 된다. 스튜디오, 조명? 다 필요 없다. 낮에 창가에 앉아 자연광 받으며 찍는 게 최고다. 외국어 울렁증이 있는 당신을 위해 '만능 가이드 대본'을 준비했다.

[0~10초] 밝게 인사(영어)

"Hello! I'm ○○○, your new Korean friend. Do you love K-pop or K-drama? Do you want to speak like a real Korean? Then you are in the right place!"

"안녕! 난 너의 새로운 한국 친구 OO야. 케이팝이나 드라마 좋아해? 진짜 한국인처럼 말하고 싶어? 그럼 잘 찾아왔어!"

[10~40초] 수업 스타일 어필(한국어)

(여기서는 천천히, 또박또박 한국어로 말한다. 자막까지 달아 주면 베스트!)

"제 수업은 '공부'가 아니라 '수다'입니다. 교과서에 나오는 딱딱한 문장이 아니라, 친구들이 쓰는 진짜 유행어와 표현을 알려 드릴게요. 저랑 이야기하다 보면, 어느새 한국어가 입에서 툭 튀어나오게 될 거예요. 틀려도 괜찮아요. 제가 다 고쳐 드릴게요."

[40~60초] 마무리(영어)

"Don't worry about making mistakes. Let's have fun together. Book a trial lesson now! See you in class, Bye!"

"실수할까 봐 걱정 마. 우리 재밌게 놀자. 지금 시범 수업 예약해! 수업 때 봐, 안녕!"

"막상 학생이 들어왔는데, 1시간 동안 무슨 말을 하죠?" 걱정 마라. 맨손으로 전쟁터에 보내지 않는다.

❶ 세종학당 《사이버 한국어》(무료의 기적)

대한민국 정부(문화체육관광부)가 만든 '세종학당' 사이트에 가라. 거기에 있는 《사이버 한국어》 초급, 중급 전자책(e-book)은 퀄리티가 상당하다.

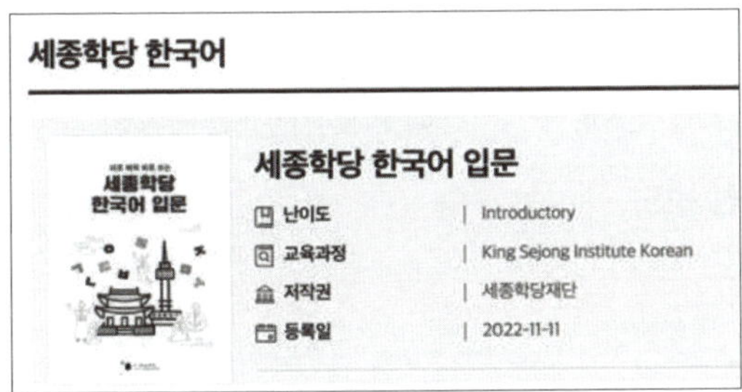

- **사용법**: 줌(Zoom) 화면 공유로 이 책을 띄워라. 그리고 같이 읽어라. "이 그림 뭘까요? 따라 해 보세요. '사과'." 이것만 해도 20분은 훌쩍 간다. 수업용으로 쓸 수 있는 최고의 자료다.

❷ K-콘텐츠

학생이 좋아하는 아이돌이나 드라마가 있다면 게임 끝이다.

- **사용법**: "너 ○○ 좋아해?"라고 묻고, 해당 영화, 드라마에 나온 단어 하나, 문장 하나를 같이 따라 읽고 뜻을 설명해 준다. 학생 눈에서 꿀이 떨어질 것이다.

❸ 생성형 AI(챗GPT / Claude)

튜터의 비밀병기다. 수업 준비할 때 AI에게 부분적으로 보완시켜라.

- **프롬프트**: "한국어를 배우는 초급 외국인 학생과 '음식'을 주제로 30분 동안 대화할 거야. 대화 질문 리스트 10개와 가르쳐 주면 좋은 필수 단어 10개를 뽑아 줘."
  - → 이렇게 치면 3초 만에 수업 커리큘럼이 나온다. 이걸 수업에 사용하면 된다.

5단계 절약왕 정약용의 '월 150만 원' 로드맵 (수익화 전략)

해당 사이트에 가입했다고 바로 돈이 벌리진 않는다. 전략이 필요하다.

❶ 미끼를 던져라(초반 1개월)

- **가격**: 시간당 4~7달러(최저가 전략)
- **목표**: 돈 버는 게 목표가 아니다. '후기(Review)' 5개와 '수업 횟수'를 채우는 게 목표다. 프로필에 '수업 0회'라고 떠 있으면 아무도 신청 안 한다. 친구에게 부탁해서라도 5회를 채우거나, 파격적인 가격으로 학생을 유입시켜라.

❷ 단골 만들기(피드백의 마법)

- 수업이 끝나면 무조건 '복습 파일'을 보내라. 거창한 게 아니다. 수업 중에 채팅창에 쳐 줬던 교정 문장들(예: 너는 밥 먹었어? → 밥 먹었어?), 새로 배운 단어들을 복사해서 메시지로 보내 주는 것이다.
- 이런 작은 정성이 "이 튜터는 나를 케어해 준다"는 느낌을 주고, 재수강으로 이어진다. 튜터 수익의 핵심은 신규 유입이 아니라 '고정 학생'이다.

❸ 몸값 올리기(3개월 차~)

- 고정 학생이 3~5명 생기고, 후기가 10개가 넘어가면 가격을 올려라. 8달러 → 12달러 → 15달러 → 20달러.
- 기존 학생에게는 "너는 내 초기 멤버니까 가격 안 올릴게"라고 얘기하고 락인(Lock-in)시키고, 신규 학생부터 올린 가격

을 받아라.

- 이때부터 시간당 2만~3만 원, 주말에 5시간만 떠들어도 주 15만 원, 월 60만 원이 꽂힌다. 평일 저녁까지 합치면 월 150만 원은 충분히 가능하다.

당신의 한국어는 '자산'이다

이 부업의 가장 큰 장점은 '재고'가 없다는 것이다. 내 입과 시간만 있으면 된다. 망설이지 마라. 지금 이 순간에도 지구 반대편의 누군가는 당신과 한국어로 "안녕하세요"라고 말해 보고 싶어서 검색창을 뒤지고 있다. 가서 그들의 말동무가 되어 주고, 달러를 벌어라. 그것이 애국이고, 흑자생존이다.

이름만 지어 줘도 5달러?
아니, 50달러도 받는다
|파이버(Fiverr) K-재능 마켓 완전 정복|

시장분석 한국인의 '평범함'이 세계의 '유니크'가 된다

파이버(Fiverr)는 전 세계에서 가장 활발한 '재능 마켓'이다. 이곳의 슬로건은 "무엇이든 판다"이다. 과거에는 로고 디자인, 코딩 같은 전문 기술이 주류였지만, 2026년 현재 이곳의 핫 키워드는 단연 'Korea'다.

왜일까? 서구권의 K-팝, K-드라마 팬들은 한국 문화를 소비하는 것을 넘어, 자신의 정체성으로 삼고 싶어 한다. 하지만 그들에게는 치명적인 장벽이 있다. 바로 '한글'과 '한국의 폐쇄적인 인터넷 환경'이다.

- 그들은 자신의 이름이 한글로 어떻게 쓰이는지 모른다.
- 그들은 한국 쇼핑몰(번개장터, 위버스 등)에 가입조차 할 수 없다. (본인 인증 장벽)
- 그들은 번역기가 엉터리라는 것을 알지만, 검수해 줄 한국인 친구가 없다.

이 '결핍'을 해결해 주는 순간, 당신의 평범한 한국어 능력은 달러를 벌어다 주는 자산이 된다. 5달러(약 7,000원)로 시작하지만, 옵션을 붙이면 건당 50달러, 100달러까지 올라가는 마법 같은 시장. 그 구체적인 공략법을 공개한다.

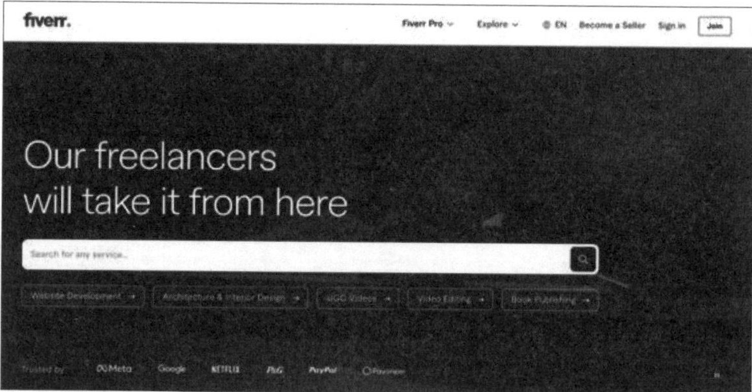

막연하게 생각하지 마라. 지금 당장 파이버 검색창에 'Korea'를 쳤을 때 가장 잘 팔리는, 검증된 아이템 3가지를 분석했다.

❶ Korean Naming (한국어 작명 & 캘리그라피)

가장 쉽고, 가장 마진율이 높은 아이템이다. 단순히 이름을 번역해 주는 게 아니다. '경험'을 파는 것이다.

- **유형 A** (소리 번역): 'Jessica'를 '제시카'로 → 발음 그대로 한글로 바꿔 준다.
- **유형 B** (의미 부여): "너는 'Bright(밝은)' 성격이니? 그럼 네 한국 이름은 '명수(Myung-soo)'야. '밝을 명'에 '빼어날 수'를 쓰거든." → 외국인들이 가장 좋아하는 포인트다. 자신만을 위한 특별한 한자 뜻풀이에 감동한다.
- **유형 C** (타투 도안): "한국어로 타투를 하고 싶은데, 폰트가 안 예뻐." → 붓글씨 느낌의 폰트나 캘리그라피로 디자인해서 이미지 파일(JPG)을 보내 준다. 이건 부르는 게 값이다.

❷ Buying Agent (한국 구매/검색 대행)

한국의 이커머스는 외국인에게 난공불락의 요새다. '휴대폰 본인 인증'이 없으면 가입조차 안 되는 사이트가 수두룩하다.

- **무엇을?**: 한정판 아이돌 굿즈, 웹툰 단행본, 올리브영 판매 제품, 스타벅스 코리아 한정판 텀블러 등.
- **어떻게?**: "네가 원하는 물건의 링크를 주면, 내가 대신 구매해서 우체국 EMS로 보내 줄게." → 구매 대행 수수료와 배송비도 청구한다.
- **검색 대행**: "번개장터나 중고나라에서 희귀한 포토카드를 찾아 줄게." → 찾아 주는 것만으로도 수수료를 받는다.

❸ Proofreading & Translation (팬레터/타투 검수)

구글 번역기의 어색함을 잡아 주는 역할이다.

- **팬레터 교정**: 번역기가 만든 문장 "오빠, 밥 먹었어?"를 좀 더 자연스럽게 "오빠, 식사하셨어요?"로 고쳐 주는 서비스.
- **타투 검수**: 해외 토픽에 자주 나오는 '육개장', '신라면' 타투 참사를 막아 주는 역할이다. "네가 하려는 그 문신, 한국인이 보면 엉뚱한 말이야. 차라리 이 단어가 멋져."라고 조언해 주는 컨설팅이다.

이제 실제로 상품(Gig)을 등록해 보자. 파이버에서는 내 재능 상품을 'Gig(긱)'이라고 부른다. 이 Gig을 매력적으로 보이게 만드는 것이 핵심이다.

❶ 셀러 계정 전환

파이버에 가입하면 기본은 '구매자(Buyer)' 계정이다. 우측 상단 프로필을 눌러 'Become a Seller'를 클릭해 판매자 모드로 전환한다.

❷ Gig 제목 짓기(검색 최적화)

제목은 영어로 써야 한다. 콩글리시는 안 된다. 검색 알고리즘에 걸리는 '키워드'를 넣는 게 핵심이다.

- **나쁜 예**

  I will write Korean name. (너무 단순함, 매력 없음)

- **좋은 예**

  I will design a **Custom Korean Name & Calligraphy** for your **Tattoo or Social Media Profile**.

핵심 키워드
Custom(맞춤형), Calligraphy(캘리그라피), Tattoo(타투)
→ 이 단어를 검색하는 사람에게 내 상품이 노출된다.

195

❸ 가격 설정(패키지 전략)

파이버의 꽃은 '3단 가격표(Basic / Standard / Premium)'다. 5달러짜리 미끼를 던지고, 비싼 걸 팔아야 돈이 된다.

- **Basic**(5달러): 텍스트 파일(TXT)만 제공. "네 이름은 '제시카'야."
- **Standard**(15달러): 고화질 이미지(JPG) + 3가지 폰트 옵션 제공
- **Premium**(40달러): 붓글씨 캘리그라피 디자인 + 한자 뜻풀이(PDF) + 배경화면용 이미지 + 투명 배경(PNG) 파일 제공

❹ 설명글 작성(Description)

영어를 못 해도 된다. 챗GPT에게 이렇게 시켜라.

파이버에서 한국어 이름 작명 서비스를 팔 거야. K-팝 팬들을 타깃으로, 내 서비스가 얼마나 특별하고 감성적인지 설명하는 세일즈 카피를 영어로 써 줘. 전문적이지만 친근하게.

❺ 갤러리(섬네일) 등록

여기가 승부처다. 외국인은 한글을 '그림'으로 인식한다. 시각적으로 예뻐야 클릭한다.

- **도구**: 미리캔버스(MiriCanvas)나 캔바(Canva)

• **제작법**: 검은색 배경에 흰색 붓글씨로 '사랑(Love)', '용기(Courage)' 같은 글자를 크게 박아라. 그리고 구석에 태극기 마크나 한국적인 문양을 살짝 넣으면 신뢰도가 급상승한다. "내가 진짜 한국인이다"라는 것을 팍팍 티 내라.

3단계 절약왕 정약용의 '객단가' 올리기 전략

남들처럼 5달러만 벌다가는 지쳐서 그만두게 된다. 5달러로 들어온 손님에게 10~50달러를 쓰게 최선을 다해야 한다.

❶ 한 장짜리 PDF 파일이 명품을 만든다

이름만 달랑 텍스트로 보내지 마라. 미리캔버스로 예쁜 편지지 배경을 깔고, 거기에 이름을 적고, 그 아래에 영어로 뜻풀이(Meaning)를 적어서 PDF 파일로 만들어 보내라.

이 한 장짜리 PDF 덕분에 고객은 "내가 대접받았다"고 느끼고, 팁(Tip)까지 준다. 0원으로 가치를 창출하는 기술이다.

Your name 'Ji-Min' means 'Wisdom like the sky'.

❷ 초스피드 배송 옵션(Extra Fast Delivery)

성격 급한 건 한국인만이 아니다.

- **기본 배송**: 3일 소요
- **24시간 내 배송**: 10달러 추가

❸ 재구매를 부르는 마법의 멘트

작업물을 보낼 때 메시지 끝에 한 줄을 추가해라.

혹시 한국 친구에게 보낼 편지 번역이나, 한국 물건 구매가 필요하면 언제든 연락해. 나는 너의 'Korea Helper'니까.

총정리 글로벌 셀러, 등록 후 최선을 다하면 달러를 벌 수 있다

파이버는 가입 심사가 없다. 오늘 밤 당신이 30분만 투자해서 Gig을 등록해 두면, 당신이 잠든 사이에 지구 반대편의 누군가가 당신의 재능을 쇼핑할 것이다. 물론 첫 거래까지는 최선을 다해서 알려야 하고, 가격 조정도 해야 한다.

수요는 있지만 공급도 점점 많아지고 있기 때문이다. 다만, 아주 거창한 기술은 필요 없다. '한국인'이라는 당신의 정체성, 그리고 약간의 '포장 기술(섬네일, PDF)'만 있으면 된다. 지금 바로 파이버에 접속하라. 그리고 당신의 '센스'를 달러로 바꿔라.

3-1

똥손 그림도 올리면
잠자는 동안 달러가 찍힌다

| 레드버블(Redbubble) & 마플샵(POD) |

시장분석 디자인 하나로 평생 연금, 재고(Inventory) 없는
장사가 진짜다

장사의 기본은 '싸게 떼 와서 비싸게 파는 것'이다. 하지만 여기
엔 치명적인 단점이 있다. 바로 '재고'다. 안 팔리면 그 물건들은 고
스란히 빚이 되고 쓰레기가 된다. 하지만 **POD(Print On Demand: 주
문형 인쇄)** 시스템은 이 공식을 뒤집었다.

1. 당신의 디자인(이미지 파일)을 플랫폼에 올린다.
2. 고객이 그 디자인이 마음에 들어 '티셔츠'나 '머그컵'을 주문
   한다.

3. 플랫폼(레드버블 등)이 그 즉시 공장을 돌려 제품을 만들고,
포장해서, 고객에게 배송한다.

4. 플랫폼은 제작비와 배송비를 떼고, 당신에게 '디자인 로열
티(약 10~20%)'를 입금한다.

당신이 할 일은 오직 하나, '이미지 파일 업로드'뿐이다. CS(고
객 응대)도, 환불 처리도, 배송도 플랫폼이 다 한다. 2026년 현재,
전 세계 Z세대는 공장에서 찍어낸 기성복보다 나만의 개성이 담긴
'커스텀 굿즈'에 열광한다.

특히 '한글'은 그들에게 더 이상 낯선 외국 문자가 아니다. 기하
학적이고 미니멀한 '힙한 그래픽 아트'다. 우리는 이 점을 파고들
어야 한다.

1단계 내 구역 정하기 : 글로벌(Redbubble) vs 로컬(Marpple Shop)

전쟁터에 나가기 전, 내가 싸울 땅을 골라야 한다. POD 플랫
폼은 전 세계에 수십 개가 있지만, 한국 거주자가 '0원'으로, '영어
스트레스 없이', '안정적으로' 정산받을 수 있는 곳은 사실상 딱 두
곳으로 좁혀진다.

여기에 더해, 많은 사람이 환상을 가지고 있는 '엣시(Etsy)'의 현실까지 2026년 기준으로 냉정하게 팩트 체크를 해 보겠다.

❶ 레드버블 (Redbubble): 트래픽 깡패, 그러나 등급제가 생긴 대장주

명실상부한 글로벌 POD 업계의 1위다. 호주 기업이지만, 실제 구매자의 90% 이상이 미국, 영국, 유럽 등 서구권에 몰려 있다.

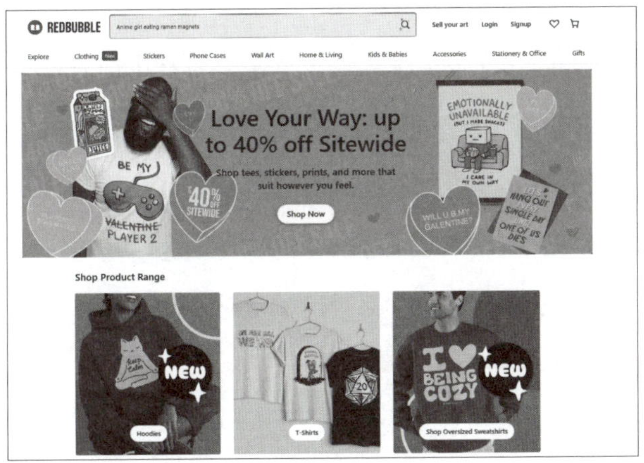

특징: 홍보하지 마라, 검색되게 하라

- **월 방문자 3,000만 명**: 내가 인스타그램으로 열심히 홍보하지 않아도 된다. 레드버블 자체 검색창에 'K-pop Sticker'를 검색해서 들어오는 유기적 트래픽(Organic Traffic)이 어마어마하다.

- **원 소스 멀티 유즈**: 이미지 파일 하나만 올리면 티셔츠, 후드티, 폰 케이스, 머그컵, 스티커, 이불 커버, 심지어 반려동물 스카프까지 80여 가지 굿즈로 자동 변환된다.

2026년 핵심 변경 사항: 계정 등급제(Tier System) 주의보

과거에는 누구나 수수료가 무료였지만, 이제는 계정 활동성에 따라 3가지 등급으로 나뉜다.

- **레드버블 스탠다드(Standard)**: 대부분의 신규 가입자가 여기 속한다. 판매 수익에서 일정 금액의 '계정 수수료(Account Fee)'를 뗀다. 약간 억울하지만, 그래도 남는 장사다.
- **레드버블 프리미엄 (Premium)**: 독창적인 디자인을 올리고 판매 실적이 쌓이면 승급된다. 수수료가 면제된다.
- **레드버블 프로 (Pro)**: 베스트 셀러 등급
- **정약용의 공략법**: 처음에는 스탠다드 등급이라 수수료가 좀 나가더라도 쫄지 마라. 꾸준히 업로드하고 태그를 잘 달면, AI 심사를 통해 몇 달 뒤 프리미엄으로 승격된다. 그때부터가 진짜 수익 구간이다.

장단점 요약

- **장점**: 초기 투자비 0원. 배송/CS/반품 처리 100% 플랫폼 담

당. 페이오니아로 달러 입금 가능.

- **단점**: 정산 최소 금액이 20달러다. (20달러가 모이기 전에는 돈을 안 준다.) 경쟁이 치열해 '상위 노출' 전략(SEO)이 필수다.

❷ 마플샵(Marpple Shop): 유튜버들의 성지, 한국형 글로벌 샵

한국 기업 '마플(Marpple)'이 운영하는 크리에이터 커머스 플랫폼이다. "한국 건데 글로벌이 돼요?"라고 묻는다면 대답은 "YES"다.

특징: 내 유튜브 채널과 쇼핑몰이 하나로

- **유튜브 쇼핑 연동**: 이게 가장 큰 무기다. 당신이 만약 유튜브 채널을 운영한다면(구독자 500명 이상 등 조건 충족 시), 영상 하단

에 내 굿즈를 진열할 수 있는 '제품 섹션(Product Shelf)' 기능을 제공한다. 영상을 보다가 클릭 한 번으로 티셔츠를 사게 만드는 구조다.

- **글로벌 배송 지원**: 한국어 UI로 편하게 상품을 만들면, 외국인 고객이 접속했을 때는 영어, 일본어 등으로 자동 번역되어 보이고, 해외 직배송까지 마플이 다 해 준다.

2026년 트렌드: K-감성 맛집

- 레드버블이 '대형 마트'라면, 마플샵은 '힙한 편집숍' 느낌이다. 디자인 퀄리티가 전반적으로 높다.
- 최근 외국인들이 한국의 힙한 일러스트 작가나 인스타그래머의 굿즈를 사기 위해 마플샵을 많이 찾는다.

장단점 요약

- **장점**: 한국어 지원으로 운영이 압도적으로 편하다. 국내 고객과 해외 고객을 동시에 잡을 수 있다. 퀄리티(인쇄 질, 원단)가 해외 POD보다 좋다는 평이 많다.
- **단점**: 레드버블처럼 알아서 팔리는 구조가 아니다. 내 SNS(인스타, 유튜브)로 직접 홍보를 해서 유입시켜야 한다. '팔로워'가 없다면 초반 판매가 저조할 수 있다.

❸ 엣시(Etsy) + 프린트풀(Printful): 고수들의 영역, 초보는 멈춰!

유튜브에서 "엣시로 월 1,000만 원 벌기" 같은 섬네일을 본 적이 있을 것이다. 결론부터 말한다. 2026년 현재, 한국 거주 개인은 사실상 불가능하다.

복잡한 구조

- **엣시(Etsy)**: 세계 최대 핸드메이드 장터(손님이 오는 곳)
- **프린트풀(Printful)**: 주문이 들어오면 물건을 만들어 주는 공장
- 이 둘을 연동해서, 엣시에서 주문받고 프린트풀에서 보내는 방식이다. 마진율이 30~40%로 높다.

치명적인 진입장벽: 엣시 페이먼트(Etsy Payments)

- 2021년 이후, 엣시는 자사의 결제 시스템인 '엣시 페이먼트'를 지원하는 국가에서만 신규 셀러 가입을 받는다.
- 안타깝게도 대한민국은 여전히 미지원 국가다.
- VPN을 쓰거나 우회 가입을 시도하면? 2026년의 강화된 AI 보안 시스템에 걸려 계정이 즉시 영구 정지(Suspend) 당한다.
- 유일한 방법: 미국이나 지원 국가에 법인을 세우거나, 거주하는 지인 명의를 빌려야 하는데, 배보다 배꼽이 더 크다.

남의 떡이 커 보인다고 엣시 뚫겠다고 시간 낭비하지 마라. 그 시간에 레드버블에 디자인 10개를 더 올리는 게 훨씬 생산적이다.

3-2

실전! 0원으로 디자인 뽑아내기
| 디자인 툴 & 저작권 |

"저는 미술 학원 근처에도 안 가본 똥손인데요?"

걱정 마라. 세상에는 똥손인데도 불구하고 여러 가지를 팔고 있는 사람들이 많다. POD 시장에서 팔리는 디자인의 70%는 금손들의 복잡한 그림이 아니라 '단순한 도형'과 '글자(Typography)'이다.

2026년 현재, 우리는 AI라는 강력한 도구와 무료 디자인 툴도 가지고 있다. 이 두 가지만 조합하면, 전공자가 아니더라도 감각적인 디자인을 3분 만에 만들 수 있다. 다만, 여기서 반드시 지켜야 할 '저작권의 선'이 있다. 이 선을 넘으면 계정이 정지된다. 그 선을 지키며 수익화하는 방법을 공개한다.

1 | 초보자의 필수템 : 캔바(Canva) & 미리캔버스

포토샵은 어렵고 비싸다. 우리는 웹에서 바로 디자인하는 툴을 쓴다. 글로벌 진출(레드버블)은 '캔바', 국내 진출(마플샵)은 '미리캔버스'가 유리하다.

캔바 www.canva.com → 레드버블(국외용)

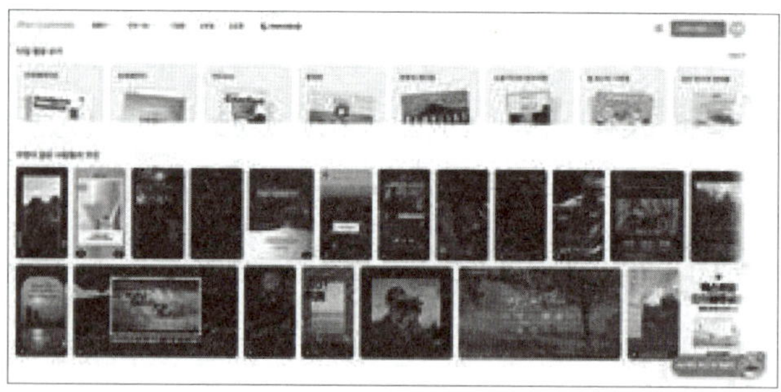

미리캔버스 www.miricanvas.com → 마플샵(국내용)

저작권 함정 피하기 (매우 중요)

많은 초보자가 여기서 실수해서 계정을 날린다.

- (X) **나쁜 예**: 캔바 무료 템플릿에 있는 예쁜 '호랑이 그림' 하나를 그대로 저장해서 티셔츠에 박아서 판다. → 저작권 위반! (스톡 이미지의 '단일 사용' 금지 조항)
- (○) **올바른 예**: '재가공'해야 한다. 호랑이 그림 위에 'KOREA'라는 텍스트를 얹고, 뒤에는 '붓터치 배경'을 깔아서, 누가 봐도 '여러 요소를 조합한 새로운 디자인'으로 만들어야 한다. 이것을 '복합 디자인(Composite Design)'이라고 한다.

실전! 3분 만에 디자인 만들기(캔바 예시)

1. **캔바 접속**: 'T-shirt' 템플릿을 연다. (보통 4,500×5,400픽셀 권장)
2. **텍스트 입력**: 외국인들이 좋아하는 한글 단어를 쓴다. (예: 사랑, 서울, 대박)
3. **폰트 선택**: 여기서 승부가 갈린다. 딱딱한 고딕체 말고, 한국적인 느낌이 나는 '붓글씨체'나 '손글씨체'를 골라라. 외국인에게 한글은 '동양적인 그림'이다.
4. **장식 요소 추가**: 검색 창에 'Paint Stroke(페인트 자국)', 'Traditional Pattern(전통 문양)'을 검색해 글자 뒤에 살짝 깔아 줘라. 퀄리티가 2배 올라간다.

티셔츠 색깔은 검은색, 흰색, 파란색 등 다양하다. 그런데 디자인 배경이 하얀색 박스로 남아 있으면? 촌스러워서 아무도 안 산다. 배경을 투명하게 날려야 한다.

- **유료**: 캔바 Pro 사용자는 저장할 때 '투명 배경(Transparent Background)' 체크만 하면 된다.
- **무료(꿀팁)**: 일반 이미지를 저장한 뒤, 'remove.bg'나 'Adobe Express 배경 제거' 사이트에 올려라. 1초 만에 배경을 공짜로 없애 준다.

2 | 2026년의 무기 : 생성형 AI(미드저니 & 달리3)

내가 그림을 못 그려도, 내 머릿속에 있는 아이디어를 AI가 대신 그려 준다. 2026년의 AI는 이제 붓터치 질감까지 완벽하게 구현한다.

어떤 AI를 쓸까?

- **달리3(DALL-E 3)**: 챗GPT 유료 사용자라면 대화하듯 시킬 수 있어 가장 쉽다.

- **미드저니(Midjourney)**: 퀄리티 끝판왕이다. 디스코드 사용이 익숙하다면 무조건 추천한다.
- **이디오그램(Ideogram)**: 글자(타이포그래피)를 그림 속에 자연스럽게 넣고 싶다면 이게 최고다.

팔리는 프롬프트(명령어) 공식

AI에게 "그림 그려 줘"라고 하면 엉망인 그림을 준다. '주제 + 스타일 + 분위기 + 배경' 공식을 써라.

[실전 프롬프트 예시]

- 주제: Korean traditional mask(한국 전통 탈)
- 스타일: Cyberpunk style, Vector art(사이버펑크 스타일, 벡터 아트 - 벡터 아트는 깔끔해서 인쇄에 좋다)
- 분위기: Neon colors, Hip-hop vibe(네온 컬러, 힙합 분위기)
- 배경: White background(흰색 배경 - 그래야 나중에 배경 지우기 쉽다)

→ "Draw a Korean traditional mask in cyberpunk style, vector art, neon colors, white background."

AI 저작권 팩트 체크(2026년 기준)

"AI 그림 팔아도 되나요?" 정답은 "플랫폼마다 다르지만, 레드버블은 OK"다.

- 미 저작권청의 입장은 "AI가 100% 그린 그림은 저작권 등록

이 안 된다"이다. 즉, 내가 이 그림의 '주인'이라고 법적으로 주장하긴 어렵다.

- 하지만 '판매'는 별개다. 내가 생성한 이미지를 상업적으로 이용하는 것은 가능하다. (단, AI 툴의 유료 플랜을 써야 상업적 이용권이 보장되는 경우가 많으니 확인 필수)
- **주의**: "미키마우스 그려 줘"처럼 남의 저작권을 침해하는 생성물은 올리면 안 된다.

3 | 정약용의 시크릿 : 화질 개선(업스케일링)

초보자가 가장 많이 저지르는 실수가 있다. 화면에서는 예뻤는데, 실제 티셔츠에 인쇄하니 흐릿하고 깨져서(픽셀화) 반품되는 경우다. AI로 만든 이미지는 해상도가 낮은 경우가 많다. 이때 '업스케일링(Upscaling)' 기술을 써야 한다.

무료 업스케일링 사이트

- ILoveIMG 또는 Upscale.media: 이미지를 넣으면 AI가 픽셀 사이사이를 채워서 2배, 4배로 화질을 뻥튀기해 준다.
- 이것을 거쳐야만 대형 사이즈(후드티 등) 인쇄가 가능하다.

벡터화(Vectorizing) - 고수 단계

- 비트맵(JPG) 이미지는 늘리면 깨진다. 하지만 벡터(SVG) 이미지는 아무리 늘려도 깨지지 않는다.

- **Vectorizer.ai**: JPG 그림을 넣으면, 수학적 수식으로 된 벡터 파일로 바꿔 준다. 아주 깔끔하고 선명한 인쇄를 원한다면 이 과정을 거쳐라.

Tip

절약왕 정약용의 초보 디자인 3계명

단시간에 초보티를 벗고 싶다면 초보 디자이너를 위한 3계명을 명심하라

1. 심플 이즈 베스트(Simple is Best): 복잡한 그림보다 굵은 글씨 한 줄이 더 잘 팔린다. 외국인은 한글의 '조형미'를 산다는 걸 명심해라.

2. 저작권은 생명줄: 남의 그림 도용하지 마라. 그리고 AI로 '유명 캐릭터' 만들지 마라. 계정 정지되면 페이오니아에 묶인 돈도 못 찾는다.

3. 검은색 옷을 기준으로: 티셔츠 판매량의 80%는 '검은색(Black)'이다. 흰색 글씨, 형광색 그림 등 어두운 배경에서 튀는 색상을 써라.

이제 도구는 손에 쥐어졌다. 캔바를 켜고, 챗GPT에게 명령해라. 당신의 아이디어가 10분 뒤 상품이 되어 전 세계에 진열될 것이다.

3-3

어떤 그림을 팔 것인가?
| K-아이디어 보물창고 |

어떤 그림이 잘 팔릴까?

"디자인 툴도 배웠고, 가입도 했습니다. 그런데 도대체 뭘 그려야 팔리나요?"

많은 초보자가 여기서 치명적인 실수를 한다. "BTS 얼굴을 그려야지!" 혹은 "삼성 로고를 패러디해야지!" 절대 안 된다. 레드버블의 저작권 단속 AI는 상상 이상으로 강력하다. 올리는 즉시 계정이 삭제(Ban)되고, 힘들게 모은 달러도 압류당한다.

우리는 '위험한 연예인'이 아니라, 저작권 걱정 없는 '대한민국의 문화'와 '한글' 그 자체를 팔아야 한다. 2026년, 외국인들에게 한국은 '가장 힙하고 세련된 나라'다. 그들이 지갑을 여는 킬러 콘텐츠 5가지를 공개한다.

1│한글 타이포그래피: 한글은 글자가 아니라, 기하학적 예술이다

외국인들 눈에 'ㅇ'은 완벽한 원(Circle)이고, 'ㅁ'은 정직한 사각형(Square)이다. 그들은 한글의 뜻을 몰라도 '조형미' 때문에 티셔츠를 입는다.

❶ 단어 선정의 기술(감성 키워드)

너무 긴 문장은 안 예쁘다. 딱 두 글자나 세 글자가 디자인하기 가장 좋다.

- **감성(Vibe)**: 사랑(Love), 소주(Soju), 서울(Seoul), 친구(Friend), 꿈(Dream), 희망(Hope)
- **의성어/의태어**: 멍(Mung-멍 때리다), 쿵(Kung-심장 소리)
- **2026 트렌드**: 외국인들이 한국 드라마 자막을 통해 배운 단어들
- **괜찮아(Gwaenchanha)**: 힐링 메시지로 인기
- **진짜?(Jinjja?)**: 밈(Meme)처럼 쓰임
- **빨리빨리(8282)**: 한국의 속도 문화를 상징하는 재미있는 디자인
- **빵(Bread)**: 글자가 귀엽게 생겨서 인기

❷ 디자인 스타일링

- **붓글씨(Calligraphy)**: 힘 있는 궁서체나 캘리그라피. '호랑이', '태권도' 같은 단어와 찰떡이다. 서양의 그라피티(Graffiti)와는 다른 동양적인 멋을 준다.
- **네온 사인(Neon Sign)**: 사이버펑크 느낌. 검은색 티셔츠에 형광 핑크와 형광 그린으로 '서울의 밤'이나 '소주'를 적으면 무조건 팔린다.

  |Tip| 상업적 무료 폰트 사이트 '눈누(Noonnu)'를 활용해라. 거기서 가장 굵고 특이한 폰트를 골라 쓰면 된다.

2 | K-심볼 & 밈(Meme) : 한국적인 것이 가장 힙하다

거창한 그림 실력 필요 없다. 단순화(Simplicity)가 생명이다. 아이콘처럼 그려라.

❶ K-푸드(Foodie)

외국인들은 한국 음식을 '맛'으로도 즐기지만 '캐릭터'로도 소비한다.

- **소주병과 삼겹살**: 초록색 병은 그 자체로 아이콘이다. "Soju Hanjan?"이라는 문구와 함께 그려라.

- **K-라면**: 양은 냄비에 담긴 라면. 꼬불꼬불한 면발을 귀엽게 표현해라.
- **붕어빵**: 겨울철 베스트셀러다. 팥(Red bean) vs 슈크림(Custard) 대결 구도로 두 마리를 그리면 재미있다.

❷ 전통의 재해석(Newtro)

- **하회탈**: 웃는 모습이 기괴하면서도 매력적이다. 스마일 마크 대신 하회탈을 그려라.
- **호랑이와 까치(민화)**: 2026년 흑백요리사 등 K-콘텐츠의 영향으로 한국 전통 민화 스타일이 힙한 인테리어 소품으로 뜬다. AI에게 'Korean Minhwa style tiger'를 그리게 해서 이불 커버나 쿠션으로 팔아라.
- **손가락 하트**: 이제는 만국 공용어다. 손 모양만 심플하게 따서 '가슴팍 로고'로 넣기 딱 좋다.

3 | 틈새시장(Niche) : 전 세계의 '제시카'를 낚아라

이른바 '이름표(Name Tag) 전략'이다. 이것은 디자인 하나로 100개, 1,000개의 상품을 파생시키는 '대량 등록' 노하우다.

1. 구글에 'Top 50 English Names'를 검색한다.

   (Jessica, Michael, Sarah, Emily, David⋯⋯)

2. 각 이름을 한글로 변환한다.

   (제시카, 마이클, 사라, 에밀리, 데이비드⋯⋯)

3. 예쁜 한글 폰트로 디자인한다.

4. 상품 제목(Title)을 이렇게 단다.

   예 "Jessica Written in Korean Hangul - Personalized Gift"
   태그(Tag)에 반드시 #Jessica를 넣는다.

❷ 왜 팔릴까?

전 세계의 수만 명의 제시카는 자기 이름이 적힌 특별한 물건을 갖고 싶어 한다. 그런데 영어 이름은 흔하다. 이때 '한글 이름'은 그들에게 신비롭고 특별한 커스텀 굿즈가 된다. 친구 선물용으로도 최고다.

4 | K-딕셔너리 : 텍스트만으로 웃겨라

최근 엣시와 레드버블에서 유행하는 'Definition Print(단어 정의 포스터)' 스타일이다. 한국어 단어를 영어로 재치 있게 설명하는 것이다.

[예시 디자인]

NUNCHI(눈치)(*Noun*)

1. The subtle art of gauging the mood of others.(다른 사람의 기분을 파악하는 미묘한 기술)

2. The superpower of reading the room.(분위기를 읽는 초능력)*See also: Survival Skill*

이런 식으로 '정(Jeong)', '한(Han)', '답정너(Dap-jeong-ner)' 같은 단어를 위트 있게 풀어서 텍스트만 깔끔하게 적어 올려라. 인테리어 액자나 엽서로 잘 팔린다.

5 | K-플레이스(여행 감성) : 서울을 입으세요

한국을 여행 왔던 외국인, 혹은 오고 싶어 하는 외국인을 타깃으로 한다.

- **공항 코드**: ICN (인천공항), GMP (김포공항) 수하물 태그(Luggage Tag) 디자인처럼 바코드와 함께 넣으면 여행용 캐리어 스티커로 딱이다.

- **지하철 표지판**: 서울 지하철 표지판은 디자인이 아주 직관적이고 예쁘다. '홍대입구(Hongik Univ.)', '강남(Gangnam)', '이태원(Itaewon)' 표지판을 그대로 흉내 내서 디자인해라. 한국 여행의 추억을 사고 싶은 사람들이 구매한다.

Tip

절약왕 정약용의 디자인 벤치마킹 노하우

지금 당장 레드버블에 들어가서 검색창에 'Korea'를 쳐 보라. '베스트셀링(Best Selling)' 순으로 정렬해 보면, 1등부터 10등까지 어떤 디자인이 팔리는지 답이 나온다.

"어? 그냥 글자만 대충 썼는데 이게 1등이라고?" 그렇다. 당신 눈엔 대충 쓴 글씨지만, 외국인 눈엔 그게 '미니멀리즘'이다. 너무 잘 그리려 애쓰지 마라. '한국스러움' 한 스푼이면 충분하다.

3-4

레드버블에
내 디자인 올리고 판매하기

레드버블 업로드 실전 테크닉 따라 하기

글로벌 POP 플랫폼 대표주자인 레드버블 업로드 방법을 살펴 보도록 하자.

1 | 가입 및 페이오니아 연동

- 레드버블 접속 → 'Sell your art' 클릭 → 가입
- **Payment Details**: 여기서 'USD(달러)'를 선택하고, 미리 만들 어 둔 페이오니아의 미국 계좌 정보(Routing Number, Account Number)를 복사해서 붙여 넣는다.

2 | 디자인 업로드(규격)

- 우측 상단 프로필 → 'Add New Work' 클릭
- **파일 크기**: 무조건 커야 한다. 최소 5,000×5,000픽셀(300dpi) 이상 추천. 그래야 이불이나 샤워 커튼처럼 큰 제품에도 인쇄할 수 있다.
- **파일 형식**: 배경이 투명한 PNG 파일

3 | 제품별 위치 조정(노가다의 시간)

- 이미지를 올리면 티셔츠, 폰 케이스, 머그컵 등 수십 개 제품 예시가 뜬다.
- 하나하나 클릭해서 그림이 중앙에 오도록, 잘리지 않도록 크기와 위치를 조정해 줘라. 귀찮은 일이지만 여기서 퀄리티가 결정된다.
- 모든 제품을 다 활성화할 필요는 없다. 디자인이 안 어울리는 제품(예: 글자가 잘리는 레깅스 등)은 과감하게 *끄는*(Disable) 게 낫다.

4 | 제목과 태그(SEO의 핵심)

여기가 승부처다. 아무리 디자인이 예뻐도 검색이 안 되면 0원이다.

- **Title**(제목): 직관적으로

  예 Cute Korean Finger Heart K-pop Love Symbol

  (귀여운 한국 손가락 하트 케이팝 사랑 상징)

- **Tags**(태그): 15~20개를 꽉 채워라. 연관 검색어를 다 넣어야 한다.

  - 필수 태그: #Korea, #Korean, #Hangul, #Hangeul, #Kpop, #Kdrama, #Hallyu, #SouthKorea
  - 감성 태그: #Cute, #Aesthetic, #Kawaii, #Minimalist, #Typography, #Streetwear
  - 타겟 태그: #GiftForArmy, #KpopLover, #SeoulVibe

- **Description** (설명): 감성을 자극해라.

  예 This design features the Korean word 'Sarang' which means Love. Perfect gift for K-culture lovers.

절약왕 정약용의 첫 판매 개시를 위한 조언

1 | '스티커'를 노려라(진입 전략)

처음부터 비싼 티셔츠를 팔려고 하지 마라. 레드버블에서 가장 많이 팔리는 건 3~4달러짜리 스티커다. 노트북이나 캐리어에 붙이기 좋아서 학생들이 많이 산다. 스티커 판매량이 늘어나면 계정 점수가 올라가서, 나중에 티셔츠도 상위 노출된다.

2 | 인스타그램, 핀터레스트 봇이 되어라

상품만 올려 두고 기다리지 마라. 무료 홍보를 해야 한다.

- 자신의 디자인이 적용된 '티셔츠 목업(예시) 이미지'를 다운 받아라. (레드버블에서 제공함)
- 인스타그램이나 핀터레스트에 올리고 #Kpop #OOTD #KoreanFashion 태그를 달아라. 여기서 유입되는 트래픽이 엄청나다.

3 | 트렌드를 탐구하라

넷플릭스에 한국 드라마 신작이 떴는가? 빌보드에 한국 가수가 올라갔는가? 그 즉시 그와 관련된(저작권 침해하지 않는 합법적인 선에서) 키워드와 디자인을 만들어 올려라. 물 들어올 때 노를 저어야 한다.

디자인? 아니, '확률' 게임이다

디자인 하나 올려놓고 "왜 안 팔리지?"라고 하지 마라. POD는 확률 게임이다. 디자인 1개가 팔릴 확률이 1%라면, 100개를 올리면 무조건 팔린다. 하루에 1개씩, 1년이면 365개다. 그 365개의 그물망이 당신이 잠든 사이 전 세계의 물고기(달러)를 건져 올려 줄 것이다. 초기 자본 0원, 잃을 게 없는 이 완벽한 게임에 지금 당장 참전하라.

'행동하는 사람'만이
달러를 쥔다

무자본으로 누구나 달러를 벌 수 있다!

앞에서 소개한 3가지 방법 및 플랫폼(프레플리, 파이버, 레드버블) 은 3가지 공통점이 있다.

1. 초기 비용 0원
2. 한국 거주 한국인 가능
3. 페이팔 & 페이오니아로 수익 수령

망설이지 마라. 당신이 퇴근 후 넷플릭스를 보며 흘려보내는 그 시간에, 지구 반대편의 누군가는 한국어를 배우고 싶어 하고,

한글 디자인을 사고 싶어 하고, 한국어 데이터를 필요로 한다. 그 수요에 당신의 숟가락을 얹기만 하면 된다.

부록으로 설명한 이 내용들은 눈으로 읽을 때는 '정보'지만, 당신이 사이트에 접속해 회원가입 버튼을 누르고 노력하고 행동하는 순간 '자본'이 된다. 야생에서 살아남는 법은 멀리 있지 않다. 지금 당장 컴퓨터를 켜고, 글로벌 시장에 당신의 깃발을 꽂아라. 한국인이기 때문에 오히려 가능하다.

당신의 속도는 틀리지 않았다

당신만의 포도주를 기다리며:
어둠 속에서 숙성되고 있을 당신에게

우리는 종종 한 분야의 대가나 장인을 만나 그들의 비법을 전해 듣기를 갈망한다. 하지만 운 좋게 그 레시피를 알게 된다고 해도, 그것은 그저 머리로 '아는 것'일 뿐이다. 머리로 아는 것과 몸으로 부딪쳐 '느끼는 것'은 천지 차이이다. 아무리 좋은 품종의 포도와 제조법을 알아도, 결국 그 포도가 으깨지고 어두운 오크통 속에 갇혀 긴 시간 동안 발효되는 과정을 거치지 않으면 결코 향기로운 와인이 될 수 없다.

지금 당신이 겪고 있는 이 막막함과 어둠은, 당신이 실패해서 갇힌 '감옥'이 아니다. 당신이라는 포도가 명품 와인으로 거듭나기 위해 반드시 거쳐야 할 '숙성의 시간'이다.

남들은 벌써 화려한 병에 담겨 팔려 나가는 것 같아 조바심이 나는가? 부러워하지 마라. 겉절이는 하루 만에 먹을 수 있지만, 깊은 맛을 내는 묵은지는 긴 겨울을 땅속에서 버텨야 한다. 빨리 만들어진 것은 빨리 상한다. 하지만 지독한 어둠 속에서 천천히, 그리고 뭉근하게 자신의 향을 만들어 낸 사람은 쉽게 상하지 않는다.

나 또한 그랬다. 9만 원으로 버티던 고시원 시절과 곰팡이 핀 반지하 시절은 '나'라는 떫은 포도가 으깨지고 터지는 시간이었다. 그 시간이 있었기에 지금의 '절약왕 정약용'이라는 향기가 만들어질 수 있었다.

그러니 부디, 지금의 어둠을 두려워하지 마라. 당신은 지금 썩어 가고 있는 것이 아니라 가장 향기로운 상태로 익어 가고 있는 중이다.

김전일은 멈추지 않는다: 생존을 넘어, 다시 꿈을 향해

이 책을 쓰는 지금, 나는 또 다른 숙성을 시작하려 한다. 지난 야생에서의 10년은 가족과 나를 지킬 최소한의 '경제적 방패(현금 흐름)'를 만드는 시간이었다. 이제는 그 단단한 방패 뒤에 미뤄 두었던 나의 본질인 '이야기꾼'이라는 꿈을 다시 꺼내 들려고 한다.

현재 2026년 출간을 목표로 경제 범죄 스릴러 소설《K팝 듣는 경매꾼》을 집필 중이다. 일하는 틈틈이, 이동하는 차 안에서, 모두가 잠든 새벽에 다시 펜을 잡았다. 실제로 지난 시간 동안 치열한 법원 경매 현장에서 낙찰과 패찰을 반복했고, 대학원에서 부동산학을 전공하며 수많은 갈등과 사건 사고를 직간접적으로 목격했다. 현장에는 보통의 인간이 경험하기 힘든 자본의 민낯과 욕망의 이면들이 날것 그대로 꿈틀대고 있었다. 나는 내가 가장 잘할 수 있는 '이야기'를 통해 그 위험한 세계를 알기 쉽게 풀어내고 싶다. 독자들이 소설 속 주인공과 함께 사건을 겪으며, 현실의 함정을 피해 갈 수 있는 지혜를 얻기를 바라는 마음으로 말이다. 비록 허구의 이야기지만 그 안에서 진실을 풀어내는 과정이 나에게는 그 어떤 투자보다 가슴 뛰는 일이다.

또한, 내가 몸으로 부딪치며 배운 '현금흐름'의 노하우를 더 깊이 있게 나누기 위해 '문메달 AI부동산 현금흐름연구소'를 만들었다. 특히 경매나 공매를 통해 좋은 입지의 상업용 부동산을 낙찰받아 우량한 월세 시스템을 만드는 일은 말처럼 쉽지 않다. 돌다리도 두들겨 보고 건너야 할 만큼 난이도가 높고 리스크가 큰 영역이다. 어설픈 지식은 독이 된다. 그래서 나는 독자들이 시행착오를 줄이고 제대로 된 '진짜 지식'을 쌓을 수 있도록, 내가 직접 수도권 집합건물의 상가관리단 관리인을 맡으며 현장에서 깨우친 실전 지식까지 아낌없이 담아내려 한다.

나의 본진인 '절약왕 정약용' 채널 또한 새로운 막을 연다. 지난 5년은 국내 유튜브 시장에 없던 '부업'이라는 황무지를 개척하며 달려온 시간이었다. 포기하고 싶은 순간도 많았지만, "정쌤 덕분에 부수입이 생겨 원하는 일을 시작하게 됐다"는 구독자들의 메일 한 통이 나를 다시 일으켜 세웠다. 이제 단순히 부업 기술만 알려주던 1막은 지났다. 2026년부터는 내가 야생에서 생존하며 체득한 지식, 돈에 대한 단단한 철학, 그리고 흔들리지 않는 멘탈 관리까지 폭넓게 다뤄 볼 생각이다. 주어진 환경 안에서 나는 2막에서도 변함없이 최선을 다할 것이다.

주변에서는 묻는다. "이제 먹고살 만한데 왜 자꾸 피곤하게 일을 벌이나?" "그냥 편하게 즐기며 살아도 되지 않나?"

나의 대답은 한결같다. 김전일은 사건 하나를 해결했다고 해서 탐정 일을 그만두지 않는다. 그에게는 또다시 해결해야 할 새로운 사건이 필요하다.

나도 마찬가지다. 지난 사건(가난)을 해결했다고 해서 안주한다면, 나는 그저 '왕년의 김전일'로 과거를 추억하며 늙어 갈 뿐이다. 새로운 사건(도전)을 마주하고 머리를 싸매고 기어이 해결해 낼 때, 인생은 비로소 좋은 방향으로 바뀐다는 것을 나는 지난 시간의 우여곡절을 통해 온몸으로 배웠다.

그래서 나는 멈추지 않는다. 어제는 가난과 싸웠고, 오늘은 주어진 과업과 싸우고, 내일은 소설 속 범인과 싸울 것이다. 그것이 내가 야생에서 배운 가장 나다운 생존 방식이니까.

당신도 멈추지 않았으면 좋겠다. 당신만의 사건 현장에서, 당신만의 방식으로 치열하게 고민하고 끝내 해결해 내기를 빈다. 이 책이 그 실마리가 된다면 더할 나위 없이 영광일 것이다. 당신이 만날 그 길의 끝에서, 잘 숙성된 서로의 인생을 각자의 잔에 채우며 건배할 날을 기다리겠다.

새로운 사건을 찾아 다시 신발 끈을 조여 매며

문준희(절약왕 정약용) 드림

돈이 된다! 스마트스토어

엑스브레인 지음 | 22,000원

5년 연속 베스트셀러!
줄 서서 듣는 엑스브레인 명강의!
'덕구 씨는 어떻게 연매출 30억을 뚫었을까?'

왕초보를 위한 최고의 책!
아이템 선택/상위노출 비법/상세페이지 구성/무료광고/
매출분석/어뷰징(슬롯)

돈이 된다! 쿠팡

엑스브레인 지음 | 22,000원

엑스브레인의 왕초보 5일 만에 쿠팡 뽀개기

1일차 쿠팡 플랫폼 감잡기
2일차 쿠팡 입점&상품 등록
3일차 쿠팡 상위노출 공식 엿보기
4일차 쿠팡 상세페이지 만들기
5일차 쿠팡 광고와 마케팅 최적화

❶ 쿠팡윙 + ❷ 로켓그로스 + ❸로켓배송 완전정복!

맘마미아 월급재테크 실천법

맘마미아 지음 | 18,000원

사회초년생에게 가장 많이 선물하는 책!
이 책대로 하면
당신도 월급쟁이 부자가 된다!

통장관리/가계부 작성/예적금, 펀드, 주식 경매 총망라!
부록 금융상품 Top3/연말정산/청약/보험 체크리스트 수록

맘마미아 가계부

맘마미아 지음 | 12,000원

110만 회원 감동 실천!
11년 연속 1등 국민 가계부!

3종 선물

❶ 영수증 모음봉투 ❷ 무지출 스티커 ❸ 한눈에 가계부

* 매년 출간됩니다.
* 온라인 가계부(굿노트 버전) 진서원 스마트스토어 판매 중!